mit dem Hintern verdient
man mehr als mit dem Hirn ☺

J. Schwarzer

Jessica Schwarzer

Hin und Her macht Taschen leer?

Was die Börsenweisheiten von Kostolany, Buffett und Co heute noch taugen – Teil 2

Börsenbuchverlag

Covergestaltung: Johanna Wack
Satz: Denksportler Grafikmanufaktur
Lektorat: Egbert Neumüller
Druck: GGP Media GmbH, Pößneck

ISBN 978-3-86470-467-3

Bibliografische Information der Deutschen Nationalbibliothek:
Die Deutsche Nationalbibliothek verzeichnet diese Publikation in der Deutschen Nationalbibliografie; detaillierte bibliografische Daten sind im Internet über <http://dnb.d-nb.de> abrufbar.

BÖRSEN MEDIEN
AKTIENGESELLSCHAFT

Postfach 1449 • 95305 Kulmbach
Tel: +49 9221 9051-0 • Fax: +49 9221 9051-4444
E-Mail: buecher@boersenmedien.de
www.boersenbuchverlag.de
www.facebook.com/boersenbuchverlag

Inhalt

Vorwort von Max Otte

Mit Ihrem mittlerweile vierten Buch hat sich Jessica Schwarzer als feste Größe im deutschen Börsenjournalismus etabliert. Die in diesen Buch versammelten Börsenweisheiten sind lehrreich und unterhaltsam. Etliche davon waren mir auch nach einem Vierteljahrhundert Börse noch unbekannt. Und bei vielen konnte ich ein Schmunzeln nicht unterdrücken, weil ich meine eigenen Erfahrungen an der Börse im Lichte der entsprechenden Weisheit reflektieren konnte.

Die in „Hin und Her macht Taschen leer" und im Vorgängerbuch „Sell in May and go away" versammelten Weisheiten sind ein hervorragender Begleiter durch die verschiedenen Börsenphasen. Wenn man gerade ein Schnäppchen, über das man nachdachte, verpasst hat – und das passiert Ihnen garantiert! – dann finden Sie vielleicht Trost in „Ein Schnäppchen mit Aktien verhält sich zur Geldanlage wie ein Stück Sahnetorte zur gesunden Ernährung" nebst Erläuterung. Und wenn gerade die Euphorie tobt, dann denken Sie vielleicht mal über „Börsenkurse sind wie Stöckelschuhe, je höher, desto besser" nach. Denn auf hohen Stöckelschuhen kann man auch ins Straucheln kommen.

Meine Lieblingsweisheit von Benjamin Graham, dem Urvater aller Value-Investoren, findet sich ebenfalls im Buch: „Kurzfristig ist die Börse eine Abstimmungsveranstaltung, langfristig ist sie ein Wägemechanismus." Sie will sagen, dass kurzfristig die Psychologie an der Börse die entscheidende Kraft ist, sich langfristig aber die Fundamentaldaten durchsetzen. Auch ich muss mir das immer wieder ins Gedächtnis rufen, zum Beispiel wenn bestimmte Aktien oder die Börse insgesamt längere Zeit in die falsche Richtung laufen. Sechs Monate halten viele vielleicht durch. Aber ein Jahr? Zwei Jahre? Meine Erfahrung ist, dass die Kurse innerhalb von drei Jahren fast immer drehen. Wenn Ihre grundlegende These gestimmt hat. Wenn Sie natürlich deutlich zu teuer gekauft haben oder Unternehmen mit sehr wackeligen Geschäftsmodellen im Depot haben, dann drehen die Kurse vielleicht gar nicht mehr.

Wer am Höhepunkt 1998 die Aktie von Coca-Cola bei einem KGV von 46 gekauft hatte, der musste 16 Jahre warten, bis er die alten Kurse wiedersah. Wer 1973 in die sogenannten „Nifty Fifty" (wachstumsstarke US-Unternehmen in einer insgesamt stagnierenden Wirtschaft zu ähnlichen KGVs) investierte, der musste ähnlich lange warten. Und wer 2000 in Technologiewerte ging, erlitt in vielen Fällen Totalverlust.

Das Analysehandwerk gehört also zur Börse dazu. Sie sollten Bilanzen lesen und Geschäftsberichte verstehen können. Die wenigsten spielen ein Musikinstrument, ohne Noten lesen zu können. An der Börse fühlen sich hingegen viele zur Improvisation berufen.

Jessica Schwarzer ist überzeugte Anhängerin des passiven Investierens, das auch Warren Buffett Laien nahegelegt hat. Passive Investoren setzen auf Indizes und Indexprodukte mit niedrigen Kosten. In ihrem Buch „Einfach erfolgreich anlegen: Entspannter Vermögensaufbau mit cleveren Strategien" beschreibt sie diesen Ansatz im Detail und liefert eine klare Anleitung sowie Portfolios für verschiedene Investorentypen. Das Buch empfehle ich denjenigen, die über eine konkrete Anlagestrategie nachdenken.

Ich selber berate einen aktiv gemanagten Fonds und bin natürlich Vertreter eines aktiven Investmentansatzes. Im einem aktiv gemanagten Multi-Asset-Fonds übertragen Sie die Entscheidungen über die Vermögensaufteilung innerhalb des Fondsinvestments und die Einzeltitel dem Fondsmanager. Viele Fondsmanager schlagen ihren Vergleichsindex nicht – was zu Kritik an diesem Ansatz führt –, manche schaffen es aber über sehr lange Zeiträume. Und bei kleineren, inhabergeführten Gesellschaften („Fondsboutiquen") stehen die Eigentümer oder Initiatoren für ihre Produkte gerade, während die durchschnittliche Verweildauer eines Fondsmanagers gerade einmal dreieinhalb Jahre beträgt.

Vielleicht ist auch eine Mischung aus aktiv und passiv das Richtige. Mit etablierten Produkten langfristig auf Indizes setzen und Misch- oder Multi-Asset-Fonds von Managern, denen Sie vertrauen, als Ergänzung hinzufügen. Und vielleicht auch den ein oder anderen Einzeltitel.

Egal, wie Sie es machen – die Börse lässt kaum jemanden kalt, der dort Geld investiert hat. In jedem Fall helfen Ihnen die hier aufgeschriebenen Weisheiten, besser mit den Schwankungen, die unweigerlich auftreten werden, umzugehen.

Prof. Dr. Max Otte[1]

[1]Gründer des Instituts für Vermögensentwicklung (IFVA) in Köln und Berater des Max Otte Vermögensbildungsfonds (WKN: A1J3AM).

1

Spekulieren Sie niemals gegen die Notenbanken.

Die Weltwirtschaft hängt an der Nadel des billigen Geldes und findet immer wieder einen Vorwand, den Entzug hinauszuzögern. Ober um es anders auszudrücken: „Dow Jones und Dax unter Drogen." „Die Märkte im Rausch der Geldpolitik." „Super Mario beflügelt die Börse." Schlagzeilen wie diese gibt es in den Jahren seit dem Ausbruch der Finanzkrise viele, unendlich viele. Seit die Geldhüter um Ben Bernanke und Janet Yellen, der ehemalige Chef und die heutige Präsidentin der amerikanischen Federal Reserve (Fed), sowie Mario Draghi, Präsident der Europäischen Zentralbank (EZB), die Weltwirtschaft vor dem Zusammenbruch zu retten versuchen, scheinen an der Börse neue Regeln zu gelten: Die Notenbanken regieren.

Sie fluten die Märkte mit gigantischen Summen, schaffen die Zinsen ab, kaufen Anleihen, bis ihre Bilanzen fast platzen. So verhindern die Währungshüter zwar den großen Crash, können aber die Wirtschaft nur mühsam über Wasser halten. Was sie ankurbeln, sind die Finanzmärkte. Zwar waren die Schwankungen in den vergangenen Jahren enorm, doch der Trend zeigt ganz klar in eine Richtung: nach oben. Und das ist der Politik der Notenbanken zu verdanken, mag sie auch noch so umstritten sein. Niemand, schon gar kein Investor, kann sich der gigantischen Macht der obersten Währungshüter entgegenstellen. Es ist das elfte Gebot: Spekuliere niemals gegen die Notenbank. Ganz gleich, ob Europäische Zentralbank, Bank of England, Federal Reserve – oder wie sie heißen mögen: Eine Notenbank hat wohl gottgleichen Charakter, zumindest was ihre Allmacht betrifft. Und wer gegen einen Allmächtigen wettet, steht ruckzuck auf der Verliererseite. Fragen Sie Odysseus.

Einzige Ausnahme, die mir bekannt ist: George Soros. Ich habe den amerikanischen Investor mit ungarischen Wurzeln einmal bei einem Abendessen in Düsseldorf getroffen. 84 Jahre war er damals und die Sessellehne stützte seine aufrechte Gestalt. Die Gedanken waren klar, die Stimme schon ein bisschen brüchig. Aber als das Gespräch auf seinen Angriff gegen die englische Notenbank kam, leuchteten die Augen. Es war der Deal seines Lebens, damals im September 1992, als er gegen das Britische Pfund antrat. Er knackte die Bank of England und verdiente rund eine Milliarde US-Dollar. Wie er das gemacht hat? „Ich habe stets versucht, die Welt und die Wirklichkeit zu verstehen. Und das ist gar nicht so einfach, denn die Wirklichkeit wird durch das eigene Denken beeinflusst", sagte Soros damals, und mir wurde klar, dass diese Strategie nur eine Handvoll der ganz Großen wagen können. Die Wirklichkeit prägt uns, und weniger wir sie.

Seien wir ehrlich: Wir gehören nicht zu den Superinvestoren, wir arbeiten mit der Wirklichkeit, wie sie ist. Als Privatanleger sollten wir gar nicht erst versuchen, gegen die Notenbank zu spekulieren. Für uns stimmt die alte Börsenweisheit, sich niemals gegen die mächtigen Zentralbanken zu stellen. Und ich füge noch hinzu: Sie stimmt in Zeiten von Niedrig- und Nullzinsen, Anleihekäufen und einer scheinbar grenzenlosen Geldschwemme mehr denn je.

Meine *Handelsblatt*-Kollegen haben den permanenten Ausnahmezustand, der seit fast einem Jahrzehnt an den Finanzmärkten herrscht, sehr treffend als „das große Geldbeben" bezeichnet. Immerhin haben die Chefs der vier großen Zentralbanken in den USA, Japan, Großbritannien und der Eurozone ihre Bilanzsumme zusammengenommen auf mehr als zehn Billionen Euro vervierfacht. Bewegten die Notenbanker vor zehn Jahren maximal 20 Prozent der Wirtschaftsleistung ihres Landes in ihren Bilanzen, sind es inzwischen in der Spitze 80 Prozent. Das als Geldschwemme zu bezeichnen ist fast zu wenig. Geld-Tsunami trifft es wohl eher. Der renommierte Ökonom Thomas Mayer sieht uns gar in „einer Welt der monetären Zentralplanung". Die Zentralbanken dominieren den gesamten Kapitalmarkt, mit Marktwirtschaft habe das nichts mehr zu tun, weil es keine Mechanismen der Marktanpassung mehr gebe. Der ehemalige Chefvolkswirt der Deutschen Bank und heutige Direktor des Flossbach von Storch Research Institute ist sich ziemlich sicher, dass das Agieren der Notenbanken früher oder später zu einem neuen Finanzcrash führen wird, womöglich schlimmer als der Kollaps nach der Pleite der amerikanischen Investmentbank Lehman Brothers im Jahr 2008. Ein ziemlich düsteres Bild, das der Experte da zeichnet. Er ist nicht der Einzige, der die Politik der großen Zentralbanken offen kritisiert.

Ob ihre Politik in den Krisenjahren alternativlos war oder nicht, ob sie wirkungsvoll ist oder nicht, darüber wird viel diskutiert. Für Investoren könnte es ungemütlich werden, wenn die Notenbanken weltweit das Ende der Politik des billigen Geldes einleiten. Muss es aber nicht. Fakt ist: Seit 2008 haben die Zentralbanken weltweit mehr als 700-mal die Zinsen gesenkt. Mit welchem Erfolg? Inzwischen rentieren Staatsanleihen im Wert von mehr als 10.000 Milliarden Euro negativ – ein Drittel der Schulden von Industrieländern. Das Problem: Zinsen von null entziehen jeder Altersvorsorge den wirtschaftlichen Boden. Sparen lohnt sich nicht mehr. Anleger werden auf der Suche nach Rendite in riskante Investments gedrängt – mit der Gefahr von Preisblasen. Aber: Vom Crash infolge der Finanz- und Wirtschaftskrise erholten sich die Märkte relativ schnell. Zwar verlor der Dax 2008 und auch noch zu Beginn des Jahres 2009 fast die Hälfte seines Wertes – von gut 8.000 Punkten ging es runter auf zeitweise 4.000 Punkte. Es folgte eine relativ rasante Erholung. Ende 2009 notierten die Standardwerte bereits wieder bei 6.000 Punkten. Unter teils großen Schwankungen ging es in den Monaten und Jahren danach weiter aufwärts. Anfang 2013 notierte der Dax wieder so hoch wie vor der Krise und stieg weiter. Im Frühjahr 2015 notierte er mit rund 12.400 Punkten auf einem neuen Allzeithoch. Und das, obwohl die Krise längst nicht völlig ausgestanden war. Nach neuerlichen Schwankungen ist der Dax 2017 wieder auf Rekordkurs.

Es gibt keine Blaupause für das Ende der Geldflut

Die Rettungsmaßnahmen der Notenbanken funktionieren also zumindest an den Kapitalmärkten relativ gut. Aber eines muss klar sein: Was da läuft, ist das wohl größte geldpolitische Experiment der Geschichte. Es gibt keine Blaupause dafür. Ebensowenig für das Ende der Geldflut. Nach der Finanzkrise haben die USA vieles richtig gemacht: Notenbank und Regierung arbeiteten Hand in Hand, koordinierten Niedrigzinspolitik mit schuldenfinanzierten Konjunkturprogrammen, kauften Anleihen und Wertpapiere für Billionen Dollar – Stichwort „Quantitative Easing". Während die Fed mit einem Zinssatz von null bis 0,25 Prozent nämlich vor allem die kurzfristigen Zinsen beeinflussen konnte, drückte sie durch die Anleihekäufe die langfristigen Zinsen, die für Investitionen sehr viel wichtiger sind. Vor allem aber sorgte die US-Bankenaufsicht dafür, dass angeschlagene Banken entweder abgewickelt wurden oder frisches Kapital verabreicht bekamen, notfalls unter Zwang. Mit Erfolg: Das Wachstum kehrte in die USA deutlich zügiger zurück als nach Europa.

Deshalb proben die USA auch bereits das Ende des Experiments, wenn auch sehr zögerlich. Im Gegensatz zur Europäischen Zentralbank, die die Zinsen auch 2017 weiter bei null hält und munter weiter Anleihen kauft, hat in den USA der Ausstieg aus der Politik des billigen Geldes längst begonnen. Schließlich war immer klar: Irgendwann muss Schluss sein mit der gigantischen Liquiditätsschwemme, aber wann und wie?

Eingeleitet wurde der Ausstieg bereits im Mai 2013, als der damalige Fed-Chef Ben Bernanke verkündete, die Bondkäufe auslaufen zu lassen. „Tapering" nennen Experten dieses Herunterfahren der Anleihekäufe. An der Börse löste Bernanke damit ein mittleres Beben aus. Von dem erholten sich die Märkte aber relativ schnell und verkrafteten es, dass ab Januar 2014 nicht mehr 85 sondern „nur noch" 75 Milliarden Dollar in den Markt flossen. In der Folge schrumpfte das Volumen der Bondkäufe Monat für Monat um weitere zehn Milliarden. Das Programm endete im Oktober 2014, zehn Monate nachdem die Fed begonnen hatte, das monatliche Ankaufvolumen zu verringern.

Natürlich haben die Anleihekäufe die Bilanz der US-Notenbank mächtig aufgebläht. Und die Fed lässt keinen Zweifel daran: Ihre in den Nachwehen der Weltfinanzkrise auf die riesige Summe von 4,5 Billionen Dollar angeschwollene Bilanz muss schrumpfen. Vor Ausbruch der weltweiten Finanzkrise in den Jahren 2007/08 war das Portfolio der Fed mit 800 Milliarden Dollar noch vergleichsweise überschaubar. Auch wenn es die Fed bislang bei Absichtserklärungen belässt und das Thema tiefer hängt, dürfte es bald angesichts anstehender Zinserhöhungen oben auf die Agenda rücken. Experten erwarten, dass die Fed 2018 den Startschuss für die Bilanzreduzierung gibt – eine Mammutaufgabe. Dies könnte übrigens mit dem Abgang von Fed-Chefin Janet Yellen einhergehen. Sie liegt mit US-Präsident Donald Trump überkreuz und kann nicht darauf hoffen, ab 2018 weiter an der Spitze der mächtigsten Notenbank der Welt stehen zu können.

Laut Fed müssen Zinserhöhungen jedoch zunächst „voll im Gang sein", bevor die Notenbank den Abbau ihres Wertpapier-Portfolios in Angriff nehmen kann. Entsprechend findet sich der Satz zur beabsichtigten geldpolitischen „Normalisierung" weiterhin im allerletzten Absatz des Begleittextes zum Zinsentscheid. Doch das Thema dürfte nach oben rücken: 2016 ist die US-Wirtschaft um 1,6 Prozent gewachsen. Auch wenn das Plus niedriger als in den Vorjahren ausgefallen ist, will das Konjunkturbild nicht mehr so recht zu den billionenschweren Stützungsmaßnahmen passen. Denn die Fed hält die Bilanzsumme seit Längerem auf hohem Niveau konstant, da sie Einnahmen aus auslaufenden Anleihen wieder in neue Papiere investiert. Stellt die Notenbank die Praxis der Reinvestitionen eines Tages ein, führt dies automatisch zu einem Abbau der Bilanz in mehreren Schritten. Laut Commerzbank-Berechnungen werden in den nächsten fünf Jahren US-Staatsanleihen in Höhe von 1,43 Billionen Dollar fällig.

Der frühere Fed-Chef Ben Bernanke, der die Geldpolitik der Notenbank in der Rezession einst auf Krisenmodus schaltete, warnt jedoch vor zu ambitionierten Zielen auf dem Rückweg zur Normalität. Die Bilanz müsse angesichts einer wachsenden Wirtschaft nicht mehr auf das einstige Niveau von 800 Milliarden Dollar abgeschmolzen werden. Auch viele Banken an der Wall Street sehen dies ähnlich: Sie halten es für ausreichend, wenn die Gesamtsumme um maximal anderthalb Billionen Dollar schrumpft. Das neue ‚Normalmaß' läge somit bei drei Billionen Dollar. Bis der Bilanzabbau abgeschlossen ist, wird aber wohl noch einige Zeit, wahrscheinlich sogar Jahre, vergehen.

Auch die Zinsen sind bereits wieder gestiegen. Im Dezember 2015 hob Fed-Chefin Janet Yellen den Leitzins auf eine Spanne zwischen 0,25 und 0,5 Prozent an – und kündigte weitere Schritte für 2016 an. Auf die nächste Zinserhöhung, wieder um mickrige 25 Basispunkte, mussten Investoren allerdings ein ganzes Jahr warten. Die Fed hatte einen Zinsschritt immer wieder hinausgeschoben. Dabei spielten neben ökonomischen Daten auch politische Risiken wie das Referendum der Briten über den Austritt aus der Europäischen Union eine Rolle. Und obwohl die Geldpolitiker stets betonen, dass sie nicht auf kurzfristige Bewegungen der Kapitalmärkte reagieren, haben sie auch die Situation dort im Blick. Denn schon ein Sinken der Aktienkurse wird von der Fed als Verschärfung der Finanzierungsbedingungen für Unternehmen gewertet, beeinflusst also die Geldpolitik. Aber nach dem Sieg von US-Präsident Donald Trump haben die Aktienmärkte auf Optimismus umgeschaltet und lassen sich auch von schlechten Nachrichten wie der Regierungs- und Bankenkrise in Italien kaum beeindrucken. Und so folgte im Dezember 2016 der nächste Zinsschritt, die zweite Erhöhung nach Ausbruch der Finanzkrise. 2017 geht es schrittweise weiter.

Börsianer bewerten das positiv. Denn ein solcher Zinsschritt zeigt ihnen, dass die Währungshüter die Wirtschaft für robust genug halten, höhere Finanzierungskosten zu verkraften. Grundsätzlich sind hohe Zinsen natürlich nicht gut für die Unternehmen und damit die Aktienmärkte, eben weil sie die Firmenbilanzen belasten und weil Geld aus Aktien in Anleihen fließt. Doch bei den noch immer homöopathisch niedrigen Zinsen besteht diese Gefahr nicht. Noch nicht. Aber die Investoren werden genau beobachten, wie die Fed weiter agiert, begründet und prognostiziert.

Die Notenbanken sind enorm mächtig, ihre Entscheidungen sind für die Märkte extrem wichtig. Vergessen Sie deshalb nie die alte amerikanische Börsenweisheit: Spekuliere nie gegen die Notenbank! Diese Börsenweisheit stimmt fast immer. Gerade im heutigen Börsenumfeld sollte jeder Anleger vermeiden, sich gegen den Wind zu lehnen, der dem Markt aus der Chefetage der Zentralbanken entgegenweht. Das heutige Börsenumfeld, die Jahre nach der Finanz- und Wirtschaftskrise, ist in viel größerem Maße als die Vorkrisenjahre oder gar die 1990er-Jahre durch die Eingriffe aller großen Notenbanken der Welt geprägt. Denn die Zentralbankpolitik von heute besteht, ganz platt gesprochen, vor allem im „Drucken“ von immer mehr Geld.

Der Atem der Notenbanken ist länger als der der Anleger

Dieses Geld wurde wie in den USA in Staatsanleihen investiert oder wie in der Eurozone lange Zeit dem Bankensektor zur Verfügung gestellt, bevor auch die Europäer Bonds aufkauften. Die so geschaffene zusätzliche Liquidität im Finanzsystem sucht dann nach Anlagemöglichkeiten. In den vergangenen Jahren führte das zu deutlichen Kursbewegungen an den Aktienmärkten. Viele Leitindizes wie etwa Dow Jones, S&P 500 oder auch der Dax notieren nahe ihren Allzeithochs und haben sich in den vergangenen Jahren vervielfacht. Die Aktienmärkte profitierten von der Politik des billigen Geldes der Notenbanken. Auch wenn die Hausse – Börsendeutsch für eine sehr gute Börsenphase – deutlich länger andauert als im historischen Vergleich, was einige immer wieder das Ende der Rally ausrufen lässt: Sich gegen diese Politik zu stellen ist deshalb so gefährlich, weil die Notenbanken diese theoretisch unbegrenzt betreiben können. Ihr Atem ist länger als der der Anleger. Spekulieren Sie nicht gegen die Notenbanken!

Auch wenn in den USA die Zinsen mittlerweile wieder gestiegen sind, ist ein Ende der Niedrigzinspolitik – in der Eurozone ist es sogar eine Nullzinspolitik – nicht in Sicht. Das kann noch Jahre so weitergehen. Denken Sie nur an Japan. Das Land lebt bereits seit 20 Jahren praktisch ohne Zinsen. Ein gutes Vorbild ist das allerdings nicht. Das Land kommt wirtschaftlich nicht auf die Beine und die Geldschwemme der japanischen Notenbank scheint eigentlich nur einem Wirtschaftsbereich gutzutun: der Immobilienindustrie. Obwohl der Bauboom auch seine Kehrseite hat. Während in Deutschland rund ein Prozent des Bestands leer steht, waren es in Japan im Jahr 2013 nach einer amtlichen Statistik 13,5 Prozent oder 8,2 Millionen Häuser. Zu viel gebaut? Es scheint so.

Die Immobilienbranche war übrigens auch der Ausgangspunkt der Krise in Japan, die zu der jahrelangen Nullzinspolitik geführt hat. Erinnert Sie das auch an die jüngste Krise? Ein Rückblick: Nach drei Jahrzehnten rasanten Wachstums platzte in Japan Anfang der 1990er-Jahre eine gewaltige Spekulationsblase auf dem Immobilienmarkt. Von der darauf folgenden Rezession hat sich das Land nie mehr wirklich erholt. Die Industrieproduktion in Japan, einst Werkhof der Weltwirtschaft, liegt heute auf dem gleichen Niveau wie 1989. Eine alternde Bevölkerung und strenge Einwanderungsgesetze lassen die Zahl der arbeitsfähigen Japaner sinken. Der japanische Staat verhinderte mit immer neuen Konjunkturprogrammen, dass die Wirtschaft in die Dauerrezession abrutscht. Doch die Wachstumsimpulse waren kurzfristig, nachhaltig stieg nur die Staatsverschuldung: Sie wuchs von knapp 50 Prozent der japanischen Wirtschaftsleistung im Jahr 1990 auf fast 250 Prozent im Jahr 2016.

Zum Vergleich: Griechenland konnte 2010 bereits bei einem Schuldenstand von 150 Prozent seine Verbindlichkeiten nicht mehr allein bedienen. Der entscheidende Unterschied zwischen Japan und Griechenland: Japan hat eine eigene Währung und eine Zentralbank, die die Politik des „Deficit Spending" bereitwillig unterstützt. Seit 1995 lag der Leitzins der Bank of Japan nie höher als 0,5 Prozent, seit der Weltfinanzkrise ist er bei symbolischen 0,1 Prozent zementiert. Zugleich kauft die japanische Zentralbank in enormem Umfang japanische Staatsanleihen vom Markt. Der Anteil des Staatshaushalts, den der japanische Finanzminister für den Schuldendienst zurückstellen muss, liegt heute bei moderaten 25 Prozent, etwa ebenso hoch wie zur Jahrtausendwende. Die japanische Bevölkerung lässt sich diese Voodoo-Ökonomie gefallen, obwohl die jahrzehntelange Nullzinsphase ihr Erspartes auffrisst. Fast scheint es, als hätten die Japaner eine neue Art von Gesellschaftsvertrag geschlossen: Die Bürger erlauben Regierung und Notenbank, sie schleichend zu enteignen. Dafür erspart die Politik den Bürgern allzu quälende Reformen – und lässt sie in Ruhe alt werden. Auch hier gilt: Bloß nicht gegen die Notenbanken spekulieren.

Es gibt aber auch Experten, die diese Börsenweisheit durchaus kritisch sehen. Sie glauben, dass an ihr nur teilweise etwas dran ist. Der bekannte Börsenprofessor und Fondsmanager Max Otte ist einer davon. Natürlich sagt auch er, dass die Notenbanken – insbesondere die Fed – über ihre Geldpolitik einen enormen Einfluss haben. „Allerdings sind die Notenbanken nicht allmächtig", fügt er hinzu. „Seit 1987 kennt die Notenbankpolitik nur eine Richtung: expansiv – sehr expansiv – ultraexpansiv." Man dürfe nicht vergessen, dass die Notenbanken staatliche Akteure seien und dass die planwirtschaftliche Beeinflussung von Märkten nur bis zu einem gewissen Punkt funktioniere, mahnt er. „Kurzfristig durch einen Politikwechsel der Notenbank kalt erwischt zu werden kann man nicht ausschließen – wenn man kurzfristig spekuliert", so Otte.

Den einen oder anderen Vorgeschmack bekamen Börsianer bereits. Beispielsweise im Mai 2013. Damals schockierte der scheidende Fed-Chef Ben Bernanke die Märkte mit der Ankündigung des Einstiegs in den Ausstieg aus der Politik des billigen Geldes. Die Rückschläge waren allerdings schnell wettgemacht und die Rally an den Weltbörsen ging weiter. Doch wie lange noch? Wer weiß das schon genau? Niemand. Die meisten Marktteilnehmer glauben im Sommer 2017, dass die Aussichten für die Aktienmärkte trotz des mehr als siebenjährigen Börsenaufschwungs weiter gut sind. Ausstieg aus der extrem lockeren Geldpolitik hin oder her, die Fed und die Währungshüter rund um den Globus werden weiterhin alles tun, um die Konjunktur zu stärken. Zur Not auch mit unkonventionellen Maßnahmen: Ihr Repertoire reicht dabei von Strafzinsen für Banken über Nullzinsen bis hin zu weiter sprudelnden Geldquellen. Weil ihre bisherigen Maßnahmen die Konjunktur nicht so stark belebt haben, dass sie der Arbeitslosigkeit Herr werden konnten, werden Fed-Chefin Janet Yellen und EZB-Chef Mario Draghi ihrer Politik treu bleiben. Davon profitieren die Aktienmärkte.

Der große Aufschwung blieb bisher aus

Trotz der umfassenden Maßnahmen erholt sich die Weltwirtschaft bisher nur im Kriechgang von den Folgen der Finanz- und Wirtschaftskrise. In der Zeit von 1980 bis 2007 lag das durchschnittliche jährliche Wirtschaftswachstum der Industrieländer basierend auf Daten des Internationalen Währungsfonds (IWF) bei 2,84 Prozent. Von 2010 bis 2015, also in der Periode nach der Finanzkrise, fiel das Wachstum in den Industrieländern mit 1,3 Prozent sehr viel schwächer aus. Doch von dieser Schwächephase erholt sich das globale Wirtschaftswachstum bereits wieder: Der IWF prognostiziert für 2017 immerhin 3,4 Prozent Wachstum und für das Jahr 2018 sogar 3,6 Prozent. Im Jahr 2016 ging es um 3,1 Prozent aufwärts. Das darf aber nicht darüber hinwegtäuschen, dass die Wirtschaft in vielen Ländern und Regionen noch immer sehr schwach ist. Japan steckt in der Dauerstagnation fest. In Europa ist das Wachstum so schwach, dass die Eurozone immer noch nicht das Produktionsniveau erreicht hat, das vor der Krise herrschte. Und in den Vereinigten Staaten zieht die Konjunktur mit einer Rate von unter zwei Prozent an.

Insbesondere die EZB ist gefordert, sieht es doch in Euroland am düstersten aus. Während es in den USA, Großbritannien und vielen Schwellenländer moderat aufwärts geht, lebt das Wachstum in den Ländern der Eurozone vom deutschen Wachstumsmotor. Um das zu ändern, wird Draghi „alle verfügbaren Instrumente in Betracht ziehen“, wie er nach der Sitzung des EZB-Rats im Dezember 2013 sagte. Ähnliche Äußerungen folgten in den Monaten und Jahren danach.

Das ist nicht gerade ein großer Erfolg. Ja, die Wirtschaftskrise ist abgewendet worden, aber der große Aufschwung blieb bisher aus. Hinzu kommt, dass all die Konjunktur- und Stützungsmaßnahmen die Staatsverschuldung der G7-Industriestaaten von 83 Prozent auf 118 Prozent der Wirtschaftsleistung in die Höhe getrieben haben. Auf die Summe von 36,7 Billionen Euro beläuft sich ihre Staatsschuld. Die globale Gesamtverschuldung, das hat der IWF pünktlich zu seiner Herbsttagung 2016 errechnen lassen, ist gar auf das Rekordniveau von 136 Billionen Euro gestiegen. Das alles im Jahr acht nach einer Weltfinanzkrise, deren Hauptursache die zu hohe Verschuldung der Welt war.

Die Politik der Notenbanken wird die Märkte also weiter stützen (müssen). Experten erwarten, dass weiterhin viel Geld in die Aktienmärkte fließt. Aber natürlich ist eine solche Marktentwicklung nicht primär von fundamentalen volkswirtschaftlichen Daten getragen. Ohne ein entsprechendes Wirtschaftswachstum oder steigende Unternehmensgewinne kann der Aktienmarkt nicht in beliebige neue Höhen steigen. Langfristig sollten Sie als Anleger auf die Fundamentaldaten achten und bei extrem niedrigen Zinsen lieber mit einem Aufschlag auf die Kapitalkosten kalkulieren – so wie jetzt. Bei hohen Zinsen – wie 1980 bis 1982 – können Sie demgegenüber mit einem Abschlag kalkulieren. Derzeit mag die Wirtschaftsentwicklung in den Hintergrund getreten sein, sie ist aber mittel- bis langfristig die ausschlaggebende Größe für die Entwicklung an den Aktienmärkten. Insgesamt ist die Geldanlage in dieser Situation nicht unbedingt einfacher geworden. Die Märkte hängen am (Liquiditäts-)Tropf von Fed, EZB und Co. Die Zentralbanken können ihre Politik der Geldschwemme zwar praktisch unbegrenzt fortsetzen. Irgendwann einmal wird dies aber nicht mehr ausreichen. Das Problem für den Anleger ist nur: Ob und wann dieser Zeitpunkt eintritt, lässt sich unmöglich vorhersagen. Daher: Spekulieren Sie nie gegen die Notenbank! Doch es gibt noch einen Faktor, der die Kurse massiv beeinflusst: die Psychologie.

2

Meine einfache Börsenformel lautet: Börsentendenz = Liquidität + Psychologie.

Aktionäre im Glück – seit Jahren steigen rund um den Globus die Aktienkurse. Zugegeben, Anleger mussten auch einige empfindliche Rücksetzer ertragen, aber grundsätzlich stimmt die Richtung: Der amerikanische Standardwerte-Index Dow Jones jagt von Rekord zu Rekord und hat Anfang 2017 sogar erstmals die magische Marke von 20.000 Punkten geknackt. Auch für den Dax läuft es prima, auch wenn der deutsche Leitindex etwas hinterherhinkte und länger brauchte, um ein neues Allzeithoch zu markieren. Aber im Frühjahr 2017 hat es endlich geklappt mit dem neuen Rekord. Nach dem Wahlsieg von Donald Trump sind die Börsen kräftig durchgestartet. Aber der Sieg des Immobilienmilliardärs bei den US-Präsidentschaftswahlen im November 2016 war natürlich nicht der Startschuss für die Rally, eher ein weiterer Anschub. Einer von vielen. Denn die Rally läuft schon viel länger.

Wer heute auf die Kurscharts von Dow Jones, Dax und Co schaut, der dürfte sich verwundert die Augen reiben. Als die Finanzkrise 2008 ausbrach, schmierten die Indizes weltweit ab. Ein Schock für Aktionäre, der bei vielen nachwirkt. Der Dax halbierte sich von gut 8.000 Punkten auf nur noch 4.000 Punkte im Frühjahr 2009. Der Dow Jones stürzte von etwa 14.000 Punkten auf unter 7.000 Punkte ab. Schmerzhaft für Anleger, aber eben auch eine große Chance. Wer damals den Mut hatte, beherzt zuzugreifen, hat extrem hohe Kursgewinne eingefahren. Von ihren Tiefs haben sich die Standardwerte-Indizes längst erholt. Die Verluste waren im Frühjahr 2013 wettgemacht. Bis zum Frühjahr 2017 haben sich die Börsenbarometer sogar verdreifacht.

Die satten Kursgewinne der vergangenen Jahre sind natürlich nicht einzelnen Personen und schon gar nicht Donald Trump geschuldet. Befeuert wurde die Rally an den Aktienmärkten von den Notenbanken oder genauer von ihrer Politik des billigen Geldes. Seit Ausbruch der Finanz- und Wirtschaftskrise fluten sie die Märkte mit

Liquidität. Die Geldschwemme der vergangenen Jahre war die politische Antwort auf die großen Verwerfungen aus den Jahren 2008/2009 und holte die Aktienkurse aus dem Keller. In den Krisenjahren galt für die Notenbanken die Devise, die Wirtschaft zu stabilisieren und wieder auf die Beine zu bringen – koste es, was es wolle.

Mit historisch niedrigen Zinsen, die schließlich ganz abgeschafft wurden, und Anleihekaufprogrammen sollte diesseits und jenseits des Atlantiks die Wirtschaft angekurbelt werden. Das funktionierte mehr oder weniger gut. Was aber durch die Politik der US-Notenbank Fed und der Europäischen Zentralbank (EZB) angekurbelt wurde, waren die Aktienmärkte. Denn in einer Welt ohne Zinsen fehlte es an Investmentalternativen, irgendwo musste das Geld hin. Liquiditätsgetriebene Rally nennen Experten das, was wir an den Märkten nach 2008 erlebt haben. Schon André Kostolany sagte: „Meine einfache Börsenformel lautet: Börsentendenz = Liquidität + Psychologie. Der wichtigste Faktor ist die Liquidität. Wenn die Welt im Geld schwimmt, dann steigen die Kurse." Der Börsenaltmeister ist längst verstorben, doch seine Börsenformel gilt auch heute noch.

Eine solche extreme Liquiditätsflut wie in den vergangenen Jahren hat Kostolany zu seinen Lebzeiten allerdings nie erlebt. Irgendwann wird diese Flut enden und die schier endlose Liquidität auf ein Normalmaß zurückgefahren werden müssen. Eine Blaupause dafür gibt es nicht. Oft war die Rede von einem historischen Experiment. Hoffen wir, dass es gut ausgeht. Die Amerikaner proben bereits ihren Ausstieg aus der Politik des billigen Geldes. Sie tun das in kleinen Schritten, man könnte fast sagen zögerlich. Die Märkte honorieren das. Wie schon in der Finanzkrise, als die Amerikaner sehr viel energischer agierten, hinken die Europäer hinterher. Die EZB senkte nicht nur die Zinsen zögerlicher, sie griff auch viel später zum umstrittenen Instrument der Anleihekäufe.

Deutschland strotzt vor Kraft, die Peripherie darbt vor sich hin

Und die laufen im Sommer 2017 weiter, denn die Eurozone kommt nicht so recht auf die Beine. Während der Konjunkturmotor in Deutschland rund läuft, wir einen Arbeitsmarktboom erleben und durch die Mini- und Negativzinsen sogar unsere Staatsschulden abbauen können, stottert der Konjunkturmotor in Südeuropa weiter mächtig. Zwar wächst die Wirtschaft in Spanien recht robust, doch andere Länder bleiben Sorgenkinder. Die Griechen könnten eigentlich schon wieder ein Rettungspaket brauchen, den Portugiesen geht es zwar ein bisschen besser, aber auch alles andere als gut. Italien leidet nicht nur unter der erdrückend hohen Verschuldung, sondern auch unter der politischen Unsicherheit. Keines der Krisenländer nutzt die Minizinsen in der Eurozone, um seine Staatsfinanzen zu sanieren.

Volkswirte, Politiker und Anlageexperten warnen, dass die Diskrepanz zwischen mangelndem Erfolg und den Risiken von Draghis Geldpolitik immer größer wird. Konservative Investoren wie Pensionsfonds und Versicherer geraten in Bedrängnis, weil sie ihre Verpflichtungen gegenüber ihren Kunden kaum noch erwirtschaften können – die Zinsen für solide Anleihen sind einfach zu niedrig. Wenn Sie eine Lebensversicherung besitzen, sind auch Sie direkt betroffen vom Anlagenotstand der Institutionellen. Während also mit konservativeren Investments nichts mehr zu holen ist, steigen die Kurse spekulativerer Anlagen in bedenkliche Höhen. Dazu zählen viele auch die Aktienmärkte und warnen schon vor einer Blase. Ich würde Aktien aber niemals grundsätzlich als spekulativ bezeichnen. Natürlich sind Aktien riskanter als Anleihen. Aber es gibt eben konservative Standardwerte mit solidem Geschäftsmodell und nachhaltiger Dividendenpolitik und es gibt deutlich spekulativere Wachstumstitel, die ihren Markt erst erobern müssen, vielleicht sogar rote Zahlen schreiben und keine Dividende zahlen. Durch die Politik des billigen Geldes strömt aber auch in diese spekulativeren Werte viel Liquidität. Oder um es mit einer weiteren Börsenweisheit zu sagen: Die Flut hebt eben alle Boote.

Natürlich verschiebt die Politik der EZB die Konstanten an den Finanzmärkten. Hans-Werner Sinn, der ehemalige Chef des Ifo-Instituts für Wirtschaftsforschung, spricht von „der größten Vermögensumverteilung in Europa seit der Nachkriegszeit". Und damit hat er nicht ganz unrecht: Umverteilt wird von Gläubigern zu Schuldnern, von finanzstarken zu finanzschwachen Unternehmen. Finanzminister Wolfgang Schäuble verdient mittlerweile Geld, wenn er neue Schulden aufnimmt. Verkehrte Welt? Könnte man meinen. Und es wundert auch nicht, dass viel Kritik an Mario Draghis Geldpolitik geübt wird. Ist sie wirklich alternativlos? Da gehen die Meinungen auseinander. Mit dem Ankurbeln der Wirtschaft klappt es nicht ganz so gut.

Ein anderes Ziel hat er aber erreicht – bisher zumindest. Der EZB-Präsident versprach nämlich auf dem Höhepunkt der Eurokrise im Herbst 2011, den Euro gegen alle Angriffe von Spekulanten zu verteidigen. Sein „whatever it takes" (Koste es, was es wolle) ist mittlerweile legendär. Spontan war der Satz sicher nicht, das passt nicht zum ehemaligen Goldman-Banker. Draghi hatte sich seine Nachricht an die Märkte ganz bestimmt gut überlegt. Er glaubt nämlich fest daran, dass sich die Wirtschaft durch Geldpolitik steuern lässt. Und tatsächlich: Die Wetten gegen den Euro endeten, die Zinsen für Staatsanleihen sanken, die Märkte beruhigten sich. Und: Der Euro überlebte. Mag anfangs noch geldpolitische Grundsatzkritik zu hören gewesen sein, galt Draghi schon bald als Magier der Märkte, als Dompteur der Spekulanten. Sein „whatever it takes" geht auf jeden Fall in die Geschichtsbücher ein. „Es war der Satz seines Lebens. Halb Verheißung, halb Verhängnis – sein geldpolitisches ‚Wir schaffen das'", schrieb die *Wirtschaftswoche*. „Super Mario" war geboren.

Dieser Satz war der Startschuss für die Rally an den Märkten. Angst und Panik, zwei sehr starke psychische Reaktionen, wichen Ruhe und sogar Zuversicht. Aber nach Jahren der Rettungspolitik und immer noch darbenden EU-Südländern scheint es so, als ob Mario Draghi seine magischen Superkräfte verloren hätte, als ob seine geldpolitischen Mittel erschöpft seien. Auf mehr als drei Billionen Euro ist die EZB-Bilanzsumme angeschwollen. Doch es ist nicht nur die lahmende Wirtschaft im Euroraum, auch die Banken wollen einfach nicht auf die Beine kommen. In Italien ist mit Monte dei Paschi die älteste Bank der Welt in eine gefährliche Schieflage geraten – und mit ihr andere Finanzhäuser des Landes. Draghi hat sein Ziel also noch nicht erreicht.

Gleichzeitig wächst die Kritik. Schließlich haben die Nullzinsen auch negative Folgen. Ein harter Kritiker Draghis ist Bundesbankpräsident Jens Weidmann. „Auf keinen Fall dürfen die Zinsen länger so niedrig bleiben", wiederholt er gebetsmühlenartig. Dabei dürfte er auch an die deutschen Sparer und an unsere Altersvorsorge denken. Aber was würde passieren, wenn die Zinsen wieder steigen würden? Die Liquidität würde zurückgehen. Aber heißt das zwangsläufig, dass die Rally an den Aktienmärkten jäh endet? Erleben wir dann den großen Crash? Soweit werden es die Notenbanken nicht kommen lassen. Und der Blick auf die USA zeigt, dass leicht steigende Zinsen auch ein gutes Signal sein können. An der Wall Street deuten Investoren sie nämlich als Signal dafür, dass es der Wirtschaft wieder besser geht und sie die Krise überstanden ist. Die Zinsen steigen, und mit ihnen die Aktienkurse. Aber irgendwann werden die Zinsen eine Höhe erreicht haben, auf der sie eher Gift für die Unternehmen und ihre Aktienkurse sind. Doch davon sind wir weit entfernt. Liquidität und Psychologie, in diesem Fall der Glaube an die Wirtschaftskraft und die Notenbanken, bestimmen die Börsentendenz.

Noch hält „Super Mario" seinen geldpolitischen Keynesianismus für alternativlos. Doch viele Deutsche werfen ihm Wettbewerbsverzerrung, Schuldnerschutz, Konkursverschleppung und Notenbanksozialismus vor. Wird der Retter des Euro etwa zum Totengräber des Euro? Wenn die Wirtschaft der Eurozone erst wieder zu stabilem Wachstum zurückgekehrt sei, so die Rechtfertigung der Notenbanker, dann könne man auch über einen Einstieg in den Ausstieg aus der Niedrigzinspolitik nachdenken. Das dürfte in Europa nicht vor 2018 passieren, und auch dann nur in homöopathisch geringer Dosierung. Sparer bleiben also bis auf Weiteres in der Zinsfalle gefangen.

Ein ziemlich sicheres Verlustgeschäft

Die Nullzinspolitik der EZB trifft Sparer besonders hart. Wie hart aber, das dürfte vielen konservativen Anlegern nicht bewusst sein. Die Experten der Comdirect haben nachgerechnet und kommen zu einem erschreckenden Ergebnis: Jeder Haushalt hat seit Oktober 2010 bereits 1.300 Euro verloren. Das Realzins-Radar der Direktbank zeigt, dass die Verzinsung von Spareinlagen in den vergangenen Jahren zum Teil deutlich unter der Inflationsrate lag. Unterm Strich verloren Sparer deshalb Geld. Und: Nie war der Wertverlust festverzinslicher Anlagen höher als aktuell. Noch dramatischer wird die Lage, wenn man sich eine Studie der DZ Bank anschaut. Im Vergleich zum ‚Normalzinsniveau' summieren sich die Zinseinbußen der Bürger durch niedrige Zinsen von 2010 bis 2016 auf 344 Milliarden Euro. Der Normalzins misst sich an der historischen Entwicklung der durchschnittlichen Umlaufrendite inländischer Schuldverschreibungen. Während sein Niveau in den 1970er-, 1980er- und 1990-Jahren mit 7,3 Prozent relativ hoch lag – zurückzuführen auf die relativ hohen Inflationsraten – lag er in den zehn Jahren vor Ausbruch der Finanzkrise im Schnitt bei 4,2 Prozent. Ab Mitte 2009 ging es dann runter auf durchschnittlich 1,4 Prozent, allerdings bei zeitweise sehr niedrigen Inflationsraten. In den Jahren 2012, 2013 und 2016 fiel die durchschnittliche inflationsbereinigte Umlaufrendite sogar negativ aus. Für Sparer ist das fatal.

Besserung ist nicht in Sicht. Denn mit der wieder ansteigenden Inflation liegt der Realzins bei Tages- und Festgeld im Frühjahr 2017 schon bei minus 1,6 Prozent. Es wird sogar noch schlimmer. Die Prognose der Comdirect sieht den Realzins in den kommenden Jahren sogar auf unter minus zwei Prozent absinken, bevor er langsam wieder steigt. Setzt sich diese Entwicklung wirklich fort, so verlieren Sparer in den kommenden 20 Jahren mehr als 550 Milliarden Euro. Das sind im Schnitt pro Haushalt 14.000 Euro. Laut den Experten ist das in etwa die durchschnittliche Sparleistung von drei Jahren.

Die Botschaft ist klar: Wenn wir unser Anlageverhalten nicht ändern, hat das dramatische Folgen. Zwar stieg das Finanzvermögen seit 2008 hierzulande um etwa 1,5 Billionen Euro auf 5,6 Billionen Euro. Doch das lag nicht an den tollen Renditen, die Anleger erzielten. Die Deutschen haben einfach fleißig weiter gespart. Doch leider liegen 38 Prozent davon, immerhin gut zwei Billionen Euro, auf mehr oder weniger nicht mehr verzinsten Tagesgeld- und Festgeldkonten und in vergleichbaren Spareinlagen. Dass die Bürger keine hohen Risiken eingehen und fehlenden Zinseinnahmen mit verstärktem Sparen entgegenwirken, ist natürlich nicht falsch. Man könnte es sogar als angemessene Reaktion auf die Niedrigzinsphase bezeichnen – vor allem im Hinblick auf die Altersvorsorge. Langfristig sinnvoller ist aber eine ausgewogenere Portfoliostruktur, und dazu gehören auch Aktien. Denn die bieten gute Renditen. Wenn die Deutschen ihre Spargewohnheiten nicht bald ändern, laufen viele Menschen

Gefahr, den gewohnten Lebensstandard im Alter nicht halten zu können. Dass die gesetzliche Rente allein dafür nicht ausreichen wird, weiß mittlerweile eigentlich jeder. Allein aber die Sparquote hochzufahren wird bei vielen nicht reichen, um die Lücke zu füllen.

Schon in den vergangenen Jahren haben Sparer auf einen enormen Vermögenszuwachs verzichtet, das zeigt der „Global Wealth Report" der Allianz. Wuchs das Vermögen der privaten Haushalte hierzulande zwischen 2009 und Ende 2015 um 17,4 Prozent, verdoppelten die Amerikaner ihren Reichtum. Und die Schweden schafften gar ein Plus von fast 130 Prozent. Der Grund: Die Aktienquote in diesen Ländern ist mehr als dreimal so hoch wie hierzulande. Gerade mal zehn Prozent des Finanzvermögens deutscher Haushalte ist in Aktien investiert, Amerikaner und Schweden kommen auf gut ein Drittel. Dass sie bereit sind, etwas mehr Risiko einzugehen, wurde mehr als fürstlich belohnt. Natürlich waren die Jahre nach dem Crash sehr gute Börsenjahre. Nach dem massiven Absturz zu Hochzeiten der Finanzkrise 2008 und 2009 konnte sich allein der Dax verdreifachen – allen Turbulenzen zum Trotz. Doch auch längerfristig sind Aktien eine sehr renditestarke Anlageform. Sogar die renditestärkste überhaupt, wie die Bundesbank vor einigen Monaten hochoffiziell in einem Monatsbericht festgestellt hat. Und das gilt nicht erst in Zeiten von Nullzinsen und negativen Realzinsen.

Dass mit Spareinlagen oder sehr sicheren Anleihen demnächst wieder etwas zu holen ist, wage ich sehr zu bezweifeln. In der Eurozone stehen die Zeichen weiter auf Geldflut. Die EZB hat ihr massives Anleihekaufprogramm bis mindestens Dezember 2017 verlängert, was 540 weiteren Milliarden Euro entspricht. In der Währungsunion stehen die Zeichen auf alles anderem als einer Straffung, auch wenn das monatliche Kaufvolumen von 80 auf 60 Milliarden Euro reduziert wurde. Mit dieser Reduzierung des Kaufvolumens wird immerhin ein kleines Signal einer Rückführung des Kaufprogramms gegeben, wenngleich nur sehr zögerlich. Der geldpolitische Rückenwind durch die EZB hält also an – für Sparer eine schlechte Nachricht, für Aktionäre eine gute. Die Liquidität bleibt hoch oder um es mit Kostolany zu sagen: Europa schwimmt weiterhin im Geld. Es wird dauern, bis die Niedrigzinsphase endet. Doch an der Börse ist und bleibt das Ende der scheinbar unendlichen Liquidität ein Schreckgespenst. Schon die Angst vor einem Ende der lockeren Geldpolitik reicht aus, um Turbulenzen auszulösen – auch wenn die Börsen die Tatsache, dass der Ausstieg kommen wird, doch eigentlich verdaut haben sollten. Frei nach Kostolany könnte es also ungemütlich werden, wenn die Liquidität zurückgeht und die Börsianer – als Folge dessen – ängstlich, vielleicht sogar panisch werden. Liquidität plus Psychologie eben.

Diese Börsenweisheit stimmt aber nicht immer uneingeschränkt: Liquidität mag Börsenkurse zum Steigen bringen, aber es geht auch ohne oder zumindest mit sehr geringer Liquidität. Mitunter ist an den Märkten nichts los, die Umsätze sind extrem dünn. Trotzdem können die Kurse weiter munter anziehen. Dann reichen nämlich schon kleinere Kaufaufträge, um die Notierungen klettern zu lassen. In den Jahren nach der Finanz- und Wirtschaftskrise war und ist Kostolanys Börsenformel aber sehr treffend. Die Liquidität war schier grenzenlos und ist auch im Sommer 2017 noch immer hoch. Zudem fehlt es in Zeiten von Nullzinsen in der Eurozone und nach wie vor extrem niedrigen Zinsen in den USA an Anlagealternativen. Aktien sind eine Alternative und das haben in den vergangenen Jahren immer mehr Investoren genauso gesehen. Es war also auch der mentale Nährboden gegeben, damit Kostolanys Formel aufgeht. Allerdings war von Zeit zu Zeit auch die Angst groß – Stichwort Psychologie –, dass die Börse vielleicht doch zu hoch gestiegen ist oder aber die

Notenbanken die Reißleine ziehen und die Märkte auf Entzug setzen. Entsprechend groß sind immer wieder die Schwankungen.

Die Superliquidität wird irgendwann auslaufen, der Entzug wird sicher nicht einfach werden für die Märkte. Denn wenn die Liquidität abnimmt, könnte die Party an den Märkten – frei nach Kostolanys einfacher Börsenformel – vorbei sein. Dann rücken Fundamentaldaten wieder verstärkt in den Fokus der Börsianer. Die Märkte sind weit gelaufen, die Kurse sind hoch. Aber zu hoch? Eine andere Börsenweisheit besagt, dass Börsenkurse wie Stöckelschuhe sind: je höher, desto besser.

3

Börsenkurse sind wie Stöckelschuhe, je höher, desto besser.

Manche Marken an der Börse faszinieren uns, wir fiebern geradezu darauf hin, dass sie geknackt werden: Das können runde Zahlen sein, mit möglichst vielen Nullen hinten dran bitte. Oder es sind Rekorde. Je höher, desto besser. Erinnern Sie sich an den 2. Dezember 2014? Oder den 10. April 2015, der wird Ihnen doch sicher im Gedächtnis geblieben sein! Nein? Nicht so schlimm. Obwohl das für viele Börsianer fast schon historische Tage waren. Zumindest für deutsche Anleger. Der Dax übersprang im Dezember 2014 nämlich zum allerersten Mal in seiner Geschichte die magische Marke von 10.000 Punkten – ein vorgezogenes Weihnachtsgeschenk quasi. Und die Rally ging bekanntlich weiter. Denn nur vier Monate später markierte der deutsche Leitindex einen neuen Rekord von 12.374 Punkten – und hatte nebenbei binnen kürzester Zeit fast 25 Prozent zugelegt. Was für eine Party, was für eine Rekordjagd!

Börsianer verfallen diesem Höhenrausch nur zu gerne. Doch irgendwann bekommt auch der optimistischste Anleger seine Zweifel. Wie lange geht das so weiter? Wie weit steigen die Börsen noch? Von jeher stellen sich Börsianer die Fragen nach Rekorden und Rückschlägen, nach Kurszielen und fairen Bewertungen. Vor allem in Hausse-Zeiten wächst bei erfahrenen Investoren irgendwann die Skepsis, ob die Aktien vielleicht schon zu teuer geworden, die Kurse zu hoch gestiegen sind.

Dabei lautet eine alte Börsenweisheit: „Börsenkurse sind wie Stöckelschuhe, je höher, desto besser." Zugegeben, diese Regel klingt mehr nach Stammtischspruch als nach Weisheit. Und für manchen Experten fällt der Spruch auch eher in die Kategorie Witz denn Börsenweisheit. Andere können dem Stöckelschuh-Vergleich einiges abgewinnen. Stimmt die Aussage also? Vermutlich antworten darauf insbesondere viele Männer spontan und sehr gerne mit einem klaren Ja. Und natürlich stimmt es: Generell sind hohe Kurse immer erfreulich.

Das sehen wohl die meisten langfristig investierenden Börsianer so, die sich in den vergangenen Jahren über satte Kursgewinne freuen konnten. Doch Stilettos können auch zu hoch sein, das weiß jede Frau, die auf hohen Absätzen schon einmal ins Straucheln gekommen ist. Auch Börsenkurse können straucheln. Auf dem Parkett wird es immer dann gefährlich, wenn Aktienkurse ohne jede wirtschaftliche Basis steigen, Unternehmen also beispielsweise ohne Gewinnzuwächse massive Kurssteigerungen verzeichnen.

Das wäre dann in etwa so, als würde der Stöckelschuh eine Höhe erreichen, auf der die ihn tragende Frau beim besten Willen nicht mehr laufen kann. Das Ergebnis ist bei der Aktie wie bei der Frau dasselbe: der Sturz. Anders als bei den Pumps gibt es allerdings an der Börse keine bestimmte Höhe, bei der es unweigerlich zum Crash kommt. Bei Aktienkursen sollte daher auch nicht die absolute Zahl, sondern verschiedene Kennzahlen betrachtet werden. Sie zeigen, wann Unternehmen überbewertet sind, der Kurs also zu hoch gestiegen ist – und gegebenenfalls der Absturz droht.

Aber deshalb müssen Anleger nicht in Höhenangst verfallen. Wer langfristig investiert, muss sich über die richtige Absatzhöhe eigentlich keine Gedanken machen. Das gilt aber nur für Unternehmen, von denen und von deren Geschäftsmodellen sie sehr überzeugt sind. Dass Kurse ab einer gewissen Höhe kippelig werden können, ist normal – bei einem solide wirtschaftenden Unternehmen ist ein totaler Absturz jedoch eher unwahrscheinlich. Rücksetzer sind aber an der Börse nie ganz ausgeschlossen. Sie können auch die besten Unternehmen treffen.

Die Notierungen an den Märkten spiegeln immer die erwarteten Unternehmensgewinne wider. Natürlich können Börsen heiß laufen, wenn Erwartungen eingepreist sind, die nicht mehr erfüllt werden. Es ist deshalb nötig, dass Kurssteigerungen immer einen realwirtschaftlichen Bezug haben und damit fundamental gerechtfertigt sind, sonst ist die Freude an den Kursgewinnen meist von kurzer Dauer. Sofern sich die Börsenkurse über einen längeren Zeitraum von der Realwirtschaft abkoppeln, entstehen Blasen, die unvermeidlich irgendwann korrigiert werden müssen.

Besonders schmerzhaft für viele deutsche Aktionäre ist die Erinnerung an die Spekulationsblase zu Zeiten des Neuen Marktes. Damals wurden die Kurse der sogenannten Wachstumsunternehmen in immer neue Höhe getrieben. Die Rally lief in einer selbst für erfahrene Börsianer atemberaubenden Geschwindigkeit. Dass sich Kurse binnen weniger Wochen, ja sogar Tage, verdoppelten oder verdreifachten, war eher die Regel als die Ausnahme. Kurs-Gewinn-Verhältnisse von mehr als 50 waren keine Seltenheit.

Das hätte ein Warnsignal sein müssen. Denn das Kurs-Gewinn-Verhältnis, kurz KGV, gibt an, in welchem Verhältnis der Gewinn eines börsennotierten Unternehmens zum aktuellen Wert an der Börse steht. Dabei wird der Kurs durch den Gewinn je Aktie dividiert. Ein niedriges KGV zeigt, dass ein Unternehmen günstig bewertet ist. Doch wann ist das KGV niedrig? Das ist gar nicht so einfach zu beantworten und variiert von Branche zu Branche. Eine generelle Aussage, ab welchem KGV-Wert eine Aktie über- beziehungsweise unterbewertet ist, lässt sich nicht treffen. Als Faustregel kann aber gelten: Ein KGV unter zehn ist niedrig. Am besten vergleichen Sie „Ihr" Unternehmen aber mit der Konkurrenz. Wachstumswerte können aufgrund der großen Zukunftschancen trotz hohem aktuellen KGV weiter hohes Potenzial vorweisen. Es ist insofern wichtig, auch die Entwicklung des prognostizierten KGVs zu betrachten – oft mit einem „e" für „estimated" (englisch für geschätzt) gekennzeichnet. Ein KGV von 50, wie zu Zeiten des Neuen Marktes, ist aber immer extrem hoch.

Auch wenn das KGV kein Allheilmittel bei der Aktienbewertung und nicht die einzige Kennzahl ist, die Sie betrachten sollten, ist es einer der gängigen Maßstäbe zur Aktienbewertung und gibt uns eine gute Orientierung. Aber denken Sie daran: Ein besonders hohes KGV muss nicht heißen, dass die Absätze der Stöckelschuhe nun zu hoch sind. Genauso muss ein niedriges KGV kein positives Signal sein, auch wenn frau – um im Bild zu bleiben – mit den flacheren Absätzen wahrscheinlich besser und länger laufen kann. Im Gegenteil. Oft verbirgt sich hinter einem sehr niedrigen KGV auch eine Krise: Der Kurs ist abgestürzt, weil es schlechte Nachrichten gab, die vielleicht noch gar nicht auf den Gewinn durchgeschlagen haben. Das Bekanntwerden des VW-Skandals im September 2015 und der darauf folgende Absturz der Aktie ist ein Beispiel dafür.

Hinterfragen Sie die Qualität steigender Kurse

Das KGV lässt sich übrigens auch für ganze Märkte, also Indizes, ausrechnen. Das geht natürlich auch mit anderen Kennzahlen, aber beim KGV macht es am meisten Sinn und zeigt, wie „teuer" ein Markt ist. Zu Zeiten des Neuen Marktes war es gigantisch hoch. Das Problem: Mit dem Wachstum war es bei vielen der neuen Hoffnungsträger nicht weit her. Im Gegenteil. Viele der Börsenneulinge hatten noch nie einen Cent verdient, machten hohe Verluste und verbrannten munter das beim Börsengang eingesammelte Kapital. Bis es zum großen Knall kam und die Blase platzte. Es war quasi die dringend notwenige Angleichung an die Realwirtschaft in Form von starken Kursverlusten. Das Platzen der Dotcom-Blase zeigt, dass Sie als Anleger ständig die Qualität steigender Kurse hinterfragen und in Bezug zur Realwirtschaft setzen müssen, denn steigende Börsenkurse bedeuten nicht automatisch eine gesunde wirtschaftliche Verfassung.

Auch wenn die Situation um die Jahrtausendwende nicht mit der Börsenrally der Jahre nach der Finanzkrise zu vergleichen ist, sollten Anleger immer ein Absicherungskonzept in der Hinterhand haben. Weitsichtige Investoren wissen aus Erfahrung, dass der Moment kommen wird, in dem der Schuh drückt und Alternativen gefragt sind. Dieses Konzept kann auch darin bestehen, einen Crash einfach auszusitzen oder gefallene Stars nachzukaufen. Letzteres kann sogar eine ziemlich gute Idee sein, wenn Sie von Ihren Aktien, den Unternehmen und ihren Geschäftsmodellen weiterhin überzeugt sind. Wenn die Börse auf breiter Front abstürzt, dann erwischt es nämlich auch die soliden Werte. Für erfahrene Anleger mit guten Nerven sind das Kaufgelegenheiten.

Doch wann kracht es? Wann Aktienkurse zu hoch sind, lässt sich im Gegensatz zu den Stöckelschuhen leider nicht pauschal beantworten. Hier hinkt der Vergleich ein wenig. Während Models bei 20-Zentimeter-Absätzen samt Plateausohle auch gern mal einknicken oder stürzen und Frau in noch höheren Stilettos gar nicht mehr laufen kann, gibt es an der Börse kein festgelegtes oberes Limit und damit auch kein automatisches Ende der Aktienkursentwicklung. Vielmehr kommt es entscheidend darauf an, dass die Kurse von fundamentalen Daten getragen werden. Mit anderen Worten: Ob das Laufen mit Stöckelschuhen noch möglich ist und Spaß macht, entscheidet der Untergrund.

Prinzipiell streben alle Unternehmen eine stetige Gewinnmaximierung an, was dann steigende Aktienkurse bei steigenden Gewinnen rechtfertigt. Natürlich stehen Unternehmen auch im täglichen Konkurrenzkampf, weshalb eine regelmäßige Analyse nötig ist. Schließlich können sich die Vorzeichen, das wirtschaftliche Umfeld oder einfach die „Mode“ ändern. Allerdings ist es für Privatanleger nicht so einfach, ein Unternehmen auf Herz und Nieren zu prüfen und dessen Börsenbewertung einzuschätzen. Denn allgemeingültige Werte gibt es auch hier nicht. Unterschiedliche Branchen werden unterschiedlich bewertet. Mitunter ist viel Fantasie in den Kursen, aber das muss nicht immer ein Warnsignal sein.

Trotzdem gibt es Bewertungskennzahlen, die Sie als Investor kennen sollten und die Ihnen Anhaltspunkte darüber geben, ob eine Aktie ein Kauf ist oder nicht, ob sie teuer, billig oder fair bewertet sind. Neben dem bereits beschriebenen KGV gehört dazu zum Beispiel der Gewinn pro Aktie. Der Gewinn je Aktie gibt den rechnerischen Teil des erwirtschafteten Jahresüberschusses des Konzerns an, der auf eine einzelne Aktie entfällt. Er misst damit die Ertragskraft in Relation zur Aktienanzahl. Vor allem in Amerika steht diese Größe im Zentrum der Aufmerksamkeit, dafür werden die Planziele angegeben und daran werden sie gemessen. Aber auch hierzulande wird auf diese Kennzahl viel Wert gelegt.

Beim Cashflow können die Buchhalter kaum tricksen

Eine weitere aus dem angelsächsischen Raum stammende Gewinnkennzahl der Unternehmensanalyse ist der Cashflow. Er gibt Aufschluss über die Zahlungsströme, also die Veränderung der liquiden Mittel in einer Abrechnungsperiode. Seine Höhe ergibt sich im Wesentlichen aus der Addition von Jahresüberschuss, Steuern vom Ertrag und Einkommen, Abschreibungen sowie Veränderungen der langfristigen Rückstellungen. Aus seiner Höhe und Entwicklung können Investoren Rückschlüsse auf die Qualität der Finanzierung eines Unternehmens ziehen. Grob vereinfacht gibt der Cashflow an, wie viel Geld ein Unternehmen zur sofortigen Verfügung in der Kasse hat – die Fachleute sprechen auch von Liquidität. Es handelt sich also letztlich um ein Maß, das über die Finanzstärke einer Firma Auskunft gibt.

Profianleger nehmen den Cashflow auch zu Hilfe, um festzustellen, ob sich der Kauf einer Aktie lohnt oder nicht. Dazu setzen sie den Cashflow (je Aktie) ins Verhältnis zum Aktienkurs – heraus kommt eine Kennziffer, die auf den umständlichen Namen „Kurs-Cashflow-Verhältnis" (KCV) hört. Wie beim Kurs-Gewinn-Verhältnis gilt: Je niedriger das KCV im Vergleich zum Wert einer anderen Firma aus der gleichen Branche ausfällt, umso besser – denn umso günstiger ist die Aktie. Viele professionelle Investoren schauen gerne auf den Cashflow, weil die Buchhalter einer Firma diesen kaum durch Bilanztricks verändern können. Beim Gewinn sind ihre Einflussmöglichkeiten viel größer. Privatanleger allerdings dürften sich schwer damit tun, das KCV ausfindig zu machen. Selbst auf Finanzseiten im Internet wird die Zahl meist nicht ausgewiesen. Allerdings: Die Kennziffer hat kaum Schwächen.

Ein weiterer Hinweis darauf, wie die Geschäfte laufen, ist das Gewinnwachstum. Es bezeichnet den prozentualen Zuwachs des Gewinns je Aktie vom nächsten zum übernächsten Geschäftsjahr. Damit ist es ein Blick auf die Zukunftsaussichten. Und an der Börse wird bekanntlich die Zukunft gehandelt. Deshalb sind die Prognosen für die kommenden Jahre auch viel spannender als die rückgewandten Kennzahlen. Übrigens: Viele dieser Daten finden Sie auf den gängigen Internetportalen. Mitunter variieren die Daten aber. Das liegt daran, dass die zugrunde liegenden Analystenschätzungen natürlich variieren. Nicht alle Datenanbieter befragen eben dieselben Experten. Deshalb die Abweichungen.

Aber natürlich sind auch Kennzahlen spannend, die über den aktuellen Zustand eines Unternehmens Aufschluss geben, der Buchwert beispielsweise. Er entspricht im Wesentlichen dem bilanzierten Anlagevermögen eines Unternehmens und berechnet sich als Summe des Wertes der immateriellen Vermögensgegenstände, der Sach-

und Finanzanlagen. Er gibt die Substanz eines Unternehmens wieder, kann aber ganz schön irreführend sein. Besitzt die Firma Immobilien und Grundstücke oder einen teuren Maschinenpark, fällt der Buchwert sehr hoch aus, obwohl damit nichts über den operativen Wert und auch nichts über die Mittelentstehung gesagt ist. Darüber hinaus ist die Vergleichbarkeit über Branchen hinweg nicht möglich. Zudem sind Buchwerte bewertungsabhängig und können überzeichnet sein. Trotzdem ist der Buchwert eine beliebte Kennzahl, ebenso wie der Buchwert je Aktie, also der Buchwert dividiert durch die Aktienanzahl. Diese Kennzahl findet zwar keine so große Beachtung wie das das KGV oder das Kurs-Cashflow-Verhältnis (KCV). Trotzdem sagt auch er einiges über die Substanz eines Unternehmens aus.

Und dann wäre da noch das Kurs-Buchwert-Verhältnis (KBV). Diese Kennzahl wird errechnet, indem der aktuelle Aktienkurs durch den Buchwert je Aktie dividiert wird. Mit diesem wird verdeutlicht, zum Wievielfachen des Buchwerts eine Aktie an der Börse gehandelt wird. Nicht berücksichtigt werden dabei stille Reserven oder Lasten, was besonders bei Beteiligungsgesellschaften die Aussagekraft einschränkt.

Eine hohe Dividendenrendite ist nicht zwangsläufig ein Qualitätsmerkmal

Immer aussagekräftig ist die Dividendenrendite. Sie ist gerade bei Privatanlegern sehr beliebt, und das nicht erst in Zeiten von extremen Niedrigzinsen. Die Dividendenrendite ergibt sich aus der Division der Dividende durch den aktuellen Aktienkurs multipliziert mit 100. Sie gibt die Verzinsung des investierten Aktienkapitals je Aktie in Prozent an – und dabei gilt natürlich: je höher, desto besser. Aber lassen Sie sich nicht von zu hohen Dividendenrenditen blenden. Manchmal ist der Kurs plötzlich und heftig abgeschmiert, dadurch steigt rein rechnerisch natürlich die Ausschüttungsquote. Aber solche Abstürze haben einen Grund. Liegt dieser im Geschäftsmodell des Unternehmens begründet, folgt die Dividendenkürzung in der Regel auf dem Fuß. Und das war es dann mit der schönen Ausschüttungsquote.

Das war nur ein kurzer Abriss der gängigsten Kennzahlen, die Börsianern bei der fundamentalen Analyse von Aktien helfen. Nur gibt es eben Phasen, in denen die Börsen ziemlich weit vorauszueilen scheinen. Denken Sie nur an die Zeiten des Neuen Marktes und die exorbitant hohen KGVs. Das hat eine Zeit lang funktioniert oder wurde zumindest nicht als bedenklich eingeschätzt. Niemand weiß, wie lange so etwas gutgeht. Die Frage, ob es objektive Kriterien gibt, anhand deren man messen kann, ob Aktienkurse zu hoch sind, ist natürlich auch von Wissenschaftlern viel diskutiert worden. Einig sind sich die Forscher weitgehend darin, dass es nicht möglich ist, Zeitpunkt und Ausmaß eines Crashs vorherzusagen. Selbst wenn man anhand eines bestimmten Kriteriums – ob nun Kurs-Cashflow- oder Kurs-Gewinn-Verhältnis – feststellen könnte, dass die Kurse zu hoch sind oder dass die Börse heiß gelaufen ist, dann würde das nicht bedeuten, dass unmittelbar ein Crash bevorsteht.

Selbst diejenigen, deren Expertise niemand anzweifeln würde, liegen mit ihrem mahnenden Wort mitunter falsch. Beispielsweise der ehemalige US-Notenbankchef Alan Greenspan. Er hatte schon am 5. Dezember 1996 vor übertrieben hohen Aktienkursen gewarnt und sprach von irrationalem Überschwang an den Börsen. Damals stand der Dow Jones bei rund 6.000 Punkten. Vier Jahre lang sollte sich seine Meinung als falsch erweisen, denn der US-Standardwerteindex verdoppelte sich in diesem Zeitraum. Am Ende hatte Greenspan aber wohl doch nicht völlig unrecht, wie der Börsencrash in den Jahren 2000 bis 2002 zeigen sollte. Für Anleger war die Warnung trotzdem nutzlos: Der Dow Jones fiel nach dem Dotcom-Crash Anfang der 2000er-Jahre nicht mehr unter 6.000 Punkte. Anfang 2017 hat der Dow Jones allerdings die Marke von 20.000 Punkten durchbrochen und auf diesen Stöckelschuhen können Börsianer ziemlich gut laufen.

Irgendwann droht der schmerzhafte Absturz

Wann aber sind die Stöckelschuhe zu hoch? Ein paar relativ einfache Anzeichen gibt es schon, auch wenn der Absturz nicht sofort eintreten muss. Die Kurse sind dann zu weit gestiegen, wenn die Aktienquoten der Investoren überdurchschnittlich hoch sind, die Renditeerwartungen auf den erlebten Boom-Jahren basieren und die allgemeine Stimmung sehr positiv oder sogar schon euphorisch ist. Börsen laufen vor allem dann heiß, wenn sich eine realwirtschaftliche Boom-Phase dem Ende zuneigt. Aktienkurse haben in einer solchen Situation meist über Jahre hinweg stark an Wert gewonnen. Zu viel Euphorie verhindert dann meist eine objektive Bewertung der Sachlage, was zur Verschärfung der Situation beiträgt. Dadurch entfernt sich die Börse stark von der Realwirtschaft, was sozusagen die Kurse heiß laufen lässt. Eine Korrektur an den Aktienmärkten ist dann die Folge.

Wenn die Börsen wie nach der Finanzkrise jahrelang steigen, wann sind sie dann heiß gelaufen? Das Weltwirtschaftswachstum ist im Sommer 2017 ein wenig zurückgekommen, aber der Motor läuft. Zumal die Aktienmärkte noch immer am Tropf der Notenbanken hängen und von der Liquidität profitieren, die die Zentralbanken in den Markt pumpen. Aktien sind im historischen Vergleich derzeit nicht zu hoch bewertet. Doch die Luft wird dünner. Vor allem der Ausstieg der Notenbanken aus der Politik des billigen Geldes könnte für einige Turbulenzen sorgen. Langfristig bin ich aber von der weiter positiven Entwicklung der Anlageklasse Aktien überzeugt.

Im Frühjahr 2017 sind die Börsenkurse noch nicht zu hoch geklettert. Auch wenn das natürlich nicht für jede Aktie gilt. Sicher gibt es Papiere, die überbewertet sind. Grundsätzlich gilt aber: Anleger können – um im Bild zu bleiben – in ihren Stöckelschuhen noch sehr gut laufen. Denn auch wenn diese Börsenweisheit nach einem Kalenderspruch klingt und nicht nach einer Regel, die Anlegern bei ihren Investitionsentscheidungen weiterhilft, regt sie doch dazu an, über die Höhe der Kurse, über faire Bewertungen oder Übertreibungen nachzudenken. Denn manchmal verhält es sich an der Börse eben doch wie mit den Stilettos: Irgendwann ist hoch eben zu hoch, dann droht der schmerzhafte Absturz – von den Stöckelschuhen oder vom Börsenhoch. Der erste Teil der Börsenweisheit stimmt also: Aktienkurse sind wie Stöckelschuhe. Dass sie nicht hoch genug sein können, ist aber nur bedingt richtig. Auch wenn Börsianer das mitunter anders sehen und nach weiter steigenden Kursen gieren. Aber Gier ist an der Börse bekanntlich kein guter Ratgeber und deshalb ist auch die Schnäppchenjagd ein riskantes Spiel.

4

Ein **Schnäppchen**
mit Aktien verhält sich
zur Geldanlage wie ein
Stück **Sahnetorte**
zur gesunden Ernährung.

Gibt es etwas Schöneres, als ein Schnäppchen zu machen? Wenn die langersehnte Luxus-Handtasche auf einmal heruntergesetzt ist oder es den Designeranzug plötzlich um zehn oder gar 20 Prozent günstiger gibt. Manche Shopping-Fans haben die Schnäppchenjagd fast schon professionalisiert und streifen regelmäßig durch die Geschäfte. Immer auf der Suche nach dem nächsten Fang. Auch an der Börse gibt es solche Schnäppchenjäger. Sie halten Ausschau nach günstigen Kaufgelegenheiten, hoffen auf den Kursrücksetzer bei der gerade ach so heiß begehrten Aktie und schlagen dann zu.

Gute Aktien günstig zu kaufen ist natürlich der Traum jedes Börsianers. Zu Tiefstkursen einzusteigen und am besten auch noch zum Höchstpreis zu verkaufen, das wäre die perfekte Börsenwelt. Das gelingt leider in den wenigsten Fällen und schon gar nicht dauerhaft. Die Schnäppchenjagd an der Börse hat nämlich ihre Tücken. Und sie kann ein teures Abenteuer sein, vor allem wenn sich vermeintliche Supergeschäfte als Rohrkrepierer erweisen oder – schlimmer noch – die betreffende Aktie weiter fällt. Dann macht der Börsianer Bekanntschaft mit dem sprichwörtlichen „fallenden Messer", in das Anleger nicht greifen sollten. Zu erkennen, wann das Messer am Boden liegt, der Tiefstpreis erreicht ist und ein echtes Schnäppchen lockt, ist schwierig.

Und selbst wenn es nicht um gefallene Börsenstars geht, sondern schlichtweg um unterbewertete und damit verlockend günstige Papiere, ist der Kursgewinn keinesfalls programmiert. Im Gegenteil: Die Jagd nach günstigen Angeboten kann an der Börse leicht schiefgehen. Vermögensverwalter Gottfried Heller warnt: „Ein Schnäppchen mit Aktien verhält sich zur Geldanlage wie ein Stück Sahnetorte zur gesunden Ernährung." Zugegeben, ein recht ungewöhnlicher Vergleich.

Experten – und auch ich – können der Börsenweisheit aber viel abgewinnen. Denn grundsätzlich stimmt sie. Allerdings schmeckt das Tortenstückchen immer gut, das Aktienschnäppchen dagegen nur, wenn man recht hatte und später mit Gewinn verkaufen kann. Sonst kann der Nachgeschmack ziemlich bitter werden. Das ist bei der Sahnetorte anders. Es sei denn, man überfuttert sich.

Trotzdem: Was sich nach einem lustigen Sprüchlein anhört, beschreibt den Kern der Vermögensverwaltung, die Hellers Geschäft ist. Es geht um Diversifikation, also die Risikostreuung über viele Anlageklassen und Einzelanlagen, und um die Ausgewogenheit eines Portfolios. Und das beschreibt die Börsenweisheit treffend: Eltern würde es schließlich auch nicht in den Sinn kommen, ihren Kindern Tag für Tag nur Kuchen und Sahnetorte zu servieren. Sie wissen, dass zu einer gesunden Ernährung eine ausgewogene und vielseitige Kost gehört, die den Körper mit ausreichend Kalorien, Vitaminen und Ballaststoffen versorgt. Na ja, die meisten wissen das. Natürlich gibt es Ausnahmen, ein paar zu viele sogar, wenn wir uns unsere Mitmenschen anschauen. Aber grundsätzlich achten die meisten Menschen auf ihre Gesundheit und damit ihre Ernährung.

Unsere Mitbürger sorgen extrem einseitig mit Magerkost vor

Das Gleiche wie für unsere persönliche Gesundheit gilt auch für die finanzielle Gesundheit. Zu einer gesunden Geldanlage gehören neben Sparbüchern, Festgeld oder festverzinslichen Anlagen eben auch Sachwerte wie Aktien oder Immobilien. Doch die Mehrzahl der Deutschen lebt bei ihrer Geldanlage finanziell eher ungesund. Unsere Mitbürger sorgen nämlich extrem einseitig mit Magerkost in Form von Zinsanlagen vor. Immerhin keine Sahnetorte! Diejenigen, die doch auf Aktien setzen, jagen aber leider nur allzu oft vermeintlichen Schnäppchen hinterher – und das ist oft noch ungesünder.

Wer ständig Sahnetorte isst, wird nicht nur dick, sondern irgendwann mit ziemlicher Wahrscheinlichkeit auch krank. Ähnlich ist es bei der Geldanlage. Vor allem wenn Privatanleger sich auf ständige Schnäppchenjagd begeben, ist das dicke Ende programmiert. Einige, die es mit Aktien versuchen, glauben, man könne mit Aktien nur gewinnen, wenn man ständig auf der Lauer ist und, sobald sich ein Gewinn zeigt, schnell verkauft, also ein Schnäppchen macht. Dieses Verhalten gleicht dem eines Spielers, der Münzen in einen einarmigen Banditen wirft. Wenn er gewinnt, ist es Kleingeld. Aber er verliert eben einfach viel öfter, und damit viel mehr. Das Gleiche passiert bei der Schnäppchenjagd an der Börse: Meist ist es nur Kleingeld, das Anleger mit den billigen Papieren gewinnen. Doch mit der nächsten neuen Aktie ist es auch schnell wieder verloren. „Mit Schnäppchen lässt sich kein Vermögen aufbauen", ist Heller deshalb auch überzeugt.

Es gibt noch ein anderes Problem: Schnäppchenjäger setzen auf Einzelaktien. Auf eine vernünftige Risikostreuung über verschiedenen Anlageklassen, Branchen oder Regionen verzichten sie. Auch haben sie oft nicht genügend Werte im Depot. Die Nieten schlagen umso mehr ins Kontor. Um im kulinarischen Bild zu bleiben: Bei einem breit gestreuten Fonds oder Indexfonds droht schlimmstenfalls eine vorübergehende Magenverstimmung, wenn ein Investment mal nicht aufgeht. Bei einer einzelnen Aktie kann es dagegen zu einer tödlichen Lebensmittelvergiftung kommen. Schließlich kann man bei der Anlage in ein einziges Papier einen Totalverlust erleiden. Und egal, für wie clever sich die Schnäppchenjäger halten: Dass man als Privatanleger genug Informationen hat, den Wert einer Aktie richtiger einzuschätzen als der Markt, ist garantiert unmöglich.

Etwas anders sieht die Sache bei institutionellen Anlegern aus. Vor allem Manager von Aktienfonds müssen sich fast zwangsläufig auf Schnäppchenjagd begeben, um besser abzuschneiden als der Vergleichsindex oder doch zumindest besser als die Konkurrenz. Wie schwer das ist, zeigen die alljährlichen Performance-Ranglisten der Fonds. Selbst Profis wie Fondsmanager tun sich nämlich bei der Einzeltitelauswahl ziemlich schwer und schaffen es nur selten, dauerhaft den Index zu schlagen. Für Privatanleger sind deshalb börsengehandelte Indexfonds (Exchange Traded Funds, kurz ETF) sicherlich am gesündesten. Sie brauchen aber in der Regel Hilfe von Profis, um das Portfolio sinnvoll zu strukturieren, die entsprechenden Indizes auszuwählen und das Depot dann mit ruhiger Hand und Disziplin zu verwalten.

Profis wie Warren Buffett leben sehr gut von der Schnäppchenjagd

Aber zurück zu den professionellen Schnäppchenjägern: Es gibt institutionelle Anleger, die haben das Aufstöbern von günstigen Papieren quasi professionalisiert: die Value-Anleger à la Warren Buffett. Die Schnäppchenjagd ist geradezu das Brot-und-Buttergeschäft des Value-Anlegers. Ihre Kunst besteht darin, zu erkennen, wann eine Aktie ein Schnäppchen ist. Und Warren Buffett ist damit extrem erfolgreich, wenn auch er nicht gefeit ist vor Rückschlägen. Doch langfristig läuft es blendend für den Mann, der aufgrund seines exzellenten Riechers für echte Gewinneraktien als „Orakel von Omaha" bezeichnet wird und als einer der erfolgreichsten Anleger überhaupt gilt. Anleger, die vor vielen Jahren in seine Investmentgesellschaft Berkshire Hathaway investiert haben, sind heute reich.

Value-Anleger setzen auf unterbewertete Aktien, also Unternehmensanteile, für die sie an der Börse weniger zahlen müssen, als sie wert sind. Die Methode geht auf Benjamin Graham zurück, den berühmten Lehrmeister von Buffett. Der Schüler hat den Value-Ansatz allerdings noch verfeinert. Während Graham nach unterbewerteten Aktien Ausschau hielt, ist für Buffett der dauerhafte Wettbewerbsvorteil einer Aktiengesellschaft das ausschlaggebende Kriterium. Graham hat nicht zwischen Unternehmen mit einem oder ohne einen langfristigen Wettbewerbsvorteil gegenüber ihren Konkurrenten unterschieden.

Ihn interessierte lediglich, ob das Unternehmen genügend Ertragskraft besaß, um aus den wirtschaftlichen Problemen herauszukommen, die seinen Aktienkurs hatten fallen lassen. Wenn die Aktie nach zwei Jahren nicht gestiegen war, verkaufte er sie. Ein Unternehmen zehn oder gar 20 Jahre lang zu halten, interessierte ihn nicht. Buffett hingegen erkannte, dass Unternehmen mit einem langfristigen Wettbewerbsvorteil das bessere Investment sind und ihn umso reicher machen würden, je länger er sie halten würde.

Es gibt unterschiedliche Kennzahlen, um unterbewertete Aktien zu identifizieren. Die wohl bekannteste und beliebteste Bewertungskennziffer für Anleger ist das Kurs-Gewinn-Verhältnis (KGV), das Verhältnis von Aktienkurs zu Unternehmensgewinn. Als Faustregel gilt: Je niedriger das KGV, desto besser. Aber Vorsicht: Es gibt kaum eine Größe, bei der die Unternehmen besser tricksen können als beim Gewinn. Schauen Sie deshalb genau darauf, welcher Gewinn gemeint ist. Vor Steuern? Was ist mit den Abschreibungen? Ist es der Gewinn des abgelaufenen Jahres? Oder doch der erwartete Gewinn für 2017?

Doch einzig auf solche Kennzahlen zu schauen und ihnen blind zu vertrauen reicht noch nicht aus. Gerade in guten Börsenphasen sind die Gewinnerwartungen der Analysten oft übertrieben. Ein niedriges KGV kann täuschen und den Anleger schnell auf die falsche Fährte führen. Außerdem sollte ein Unternehmen bewiesen haben, dass es über mehrere Jahre profitabel gearbeitet hat. Eintagsfliegen sollten Anleger in jedem Falle meiden.

Privatanleger sollten die Finger von der Schnäppchenjagd lassen

Sie sehen, es ist gar nicht so einfach, solche unterbewerteten Titel aufzuspüren. Neben einer ausgeklügelten Bewertungsmethodik braucht es auch noch ein bisschen Fantasie und den sprichwörtlichen guten Riecher – Warren Buffett hat beides ganz sicher. Buffett hat übrigens erkannt, dass er gar nicht unbedingt zu warten braucht, bis ihm der Aktienmarkt einen Schnäppchenpreis serviert. Bereits wenn er einen fairen Preis bezahlt, kann er durch Unternehmen mit langfristigem Wettbewerbsvorteil steinreich werden. Privatanleger müssen selbstkritisch prüfen, ob sie die dafür notwendigen Kenntnisse und die nötige Zeit besitzen. Denn anders als in der Einkaufsgalerie ist die Schnäppchenjagd an der Börse ganz schön zeitaufwendig.

Manch einer glaubt sogar, dass es an der Börse gar keine Schnäppchenjagd gibt. Dass es weder privaten Anlegern noch den Profis dauerhaft gelingt, günstige Aktien zu finden, sie den Markt risikobereinigt nicht schlagen können. Sicher sei nur, dass sie dadurch ihre Orderkosten steigern. Und Hin und Her macht Taschen leer, aber dazu kommen wir noch. Das Argument mit den Kosten stimmt natürlich, aber zu sagen, dass es keine Schnäppchen gibt, so weit würde ich nicht gehen. Investoren wie Buffett sind der Beweis dafür, dass die Strategie funktionieren kann.

Privatanleger sollten aber die Finger von der Schnäppchenjagd lassen. Hauptsache billig ist kein guter Ratgeber bei der Geldanlage. Natürlich ist es erstrebenswert, günstig einzukaufen und teuer zu verkaufen. Aber „billig“ darf nie das Hauptargument für einen Kauf sein. Das ist es auch nicht bei Value-Anlegern à la Buffett. Es gibt nämlich mitunter Gründe, warum eine Aktie billig ist, die gleichzeitig eben auch ein Alarmsignal sind.

Ein solcher Grund kann natürlich ein Crash sein. Dann werden nämlich in der Regel auch die guten Aktien mit in die Tiefe gerissen. Und das können dann echte Kaufgelegenheiten sein, echte Schnäppchen. Solche Chancen sollten Sie, wenn Sie die Nerven haben, nutzen, um Positionen aufzustocken oder um Aktien, die Sie schon länger beobachten, zu kaufen. Aber auch dann gilt: Suchen Sie genau nach den Gründen für die günstige Bewertung oder den jüngsten Preisverfall. Mitunter gilt nämlich auch eine andere Regel: Qualität hat ihren Preis. Schauen Sie also genau hin, bevor Sie ein Schnäppchen machen. Denn sonst geht es Ihnen und Ihrer Geldanlage so wie mit der Sahnetorte und der gesunden Ernährung.

5

Die Hausse stirbt in der Euphorie.

Für Börsianer gibt es nichts Schöneres als steigende Aktienkurse. Wenn Dow Jones und Dax auf Rekordjagd gehen, die eigenen Papiere wundervolle Gewinne einfahren und der Depotwert von Tag zu Tag wächst, dann steigt unsere Stimmung. Wir freuen uns, wir fühlen uns in unseren Anlageentscheidungen bestätigt. Mitunter fühlen wir uns fast unbesiegbar. Wenn es läuft, läuft es richtig. Immer besser, immer schneller. Wir – und mit uns viele andere – sind euphorisch. Doch Achtung: Diese Gemengelage ist gefährlich, sehr gefährlich sogar. Es mag nicht besonders logisch klingen, dass eine extrem gute Stimmung etwas Schlechtes ist. Doch an der Börse ist sie das. Mehr noch. Bei Experten klingeln die Alarmglocken. Kein Wunder, besagt doch eine alte Weisheit: Die Hausse stirbt in der Euphorie. Diese Börsenregel geht auf Sir John Templeton, Gründer der gleichnamigen Fondsgesellschaft, zurück. Doch warum ist Euphorie schlecht? Ganz einfach: Sie beschreibt eine übertrieben positive Marktstimmung – und Übertreibung ist nie gut. Erst recht nicht an der Börse.

Es gibt in der Börsengeschichte viele Beispiele dafür, dass der gesunde Menschenverstand der Anleger kollektiv aussetzt, dass allzu große Euphorie ins Verderben führt. Ich habe es selber erlebt, als ich noch recht frisch an der Börse war – und es war äußerst schmerzhaft. Sie erinnern sich vielleicht an den Neuen Markt? An die gigantische Blase, die zu Beginn des Jahrtausends platzte? Ich war damals wirklich fassungslos. Wie konnte das passieren? All das Geld weg, die Kurse am Boden. Dabei war doch gerade noch alles so großartig.

Schauen wir zurück: Was war das für eine Party! Völlig verrückt, aber auch wunderbar. Börse war so einfach. Wir konnten eigentlich fast blind irgendwelche Aktien kaufen und binnen kürzester Zeit dicke Gewinne einfahren. Der Geldsegen schien garantiert. Auch ich habe damals mitgemischt, meine ersten Gewinne an der Börse eingefahren. In den Hochzeiten des Neuen Marktes ließ sich schon mit kleinen Einsätzen viel Geld verdienen. Wer nicht dabei war, war selber schuld. Wir investierten in die Technologien der Zukunft, in die zukünftigen Blue Chips, in noch ganz junge Unternehmen, die aber eine große, eine sehr große Zukunft zu haben schienen. Hauptsache irgendwas mit Internet! Das neue Börsensegment entfachte Goldgräberstimmung an der Börse.

Es war wie Tangotanzen auf dem Drahtseil: Am 10. März 1997 knallten auf dem Parkett die Champagnerkorken. Mit dem Börsengang von Mobilcom war der Neue Markt eröffnet. Es folgte eine rauschende Party. Der Aktienkurs des Mobilfunkanbieters schoss allein im ersten Börsenjahr um unglaubliche 2.800 Prozent in die Höhe – wer dabei war, konnte sein Glück kaum fassen. Wer nicht dabei war, räumte sein Sparbuch leer und stieg eben später noch ein. Schließlich konnte man an der Börse scheinbar garantiert reich werden. Die Euphorie war ansteckend.

Der Neue Markt, eine Kopie der amerikanischen Technologiebörse Nasdaq, wuchs in unglaublicher Geschwindigkeit: Zwei Jahre nach dem Mobilicom-Börsengang waren schon 73 Unternehmen am Neuen Markt notiert, im Jahr 2000 sogar schon 226 und vier Jahre nach seiner Gründung dann stolze 337. Viele Unternehmen, die es damals auf das Parkett zog und denen die Privatanleger die Anteilscheine nur so aus den Händen rissen, waren alles andere als börsenreif. Aber das interessierte damals kaum jemanden. „Die ganze Börse hängt nur davon ab, ob es mehr Aktien gibt als Idioten – oder umgekehrt", sagte André Kostolany einst. Eine sehr passende Beschreibung für das, was da auf dem Parkett passierte. Fundamentaldaten oder Bilanzkennzahlen, auf die Börsianer bisher geachtet hatten, waren plötzlich nichts mehr wert. Die wenigstens Neu-Aktionäre wussten wahrscheinlich überhaupt, was es mit dem Kurs-Gewinn-Verhältnis oder der Dividendenrendite auf sich hat. Fantasie war die einzige Kennzahl, die zählte. Die Aussicht auf scheinbar sichere Gewinne ließ die Aktionärszahl in Deutschland sprunghaft von 5,6 Millionen im Jahr 1997 auf den Rekordstand von fast 12,9 Millionen im Jahr 2001 steigen. Sie wollten dabei sein bei dieser rauschenden Party. Aber nicht nur die Börsenkurse der Wachstumswerte kletterten in immer neue Höhen, auch die Standardwerte im Dax oder Dow Jones waren auf Rekordkurs. Kostolany warnte damals übrigens: „Alles wird mit einem fürchterlichen Krach enden.“ Aber das wollte natürlich niemand hören, der alte Mann mit der obligatorischen Fliege um den Hals wurde sogar belächelt. Er sollte recht behalten, schlussendlich verbrannte das neue Börsensegment Milliarden.

Auf die Euphorie folgt der große Kater

Am 10. März 2000, also pünktlich zu seinem dritten Geburtstag, markierte der Neue Markt mal wieder ein Allzeithoch. Es sollte sein letztes sein. Am nächsten Handelstag war die Party jäh vorbei. Mehr als 90 Prozent stürzten die vermeintlichen Börsenstars in den kommenden Wochen und Monaten ab. Was für ein Drama! Eine absolute Katastrophe! Zu retten war nichts mehr: Am 5. Juni 2003 wurde das Wachstumssegment beerdigt. Aus der Traum. Schlimmer noch, schmerzhafte Verluste standen auf vielen Depotauszügen. Viele Börsianer hatten sich übel verzockt. Nicht nur die Gewinne waren weg, auch vom Einsatz war oft nicht mehr viel übrig.

Wie so oft kam nach der rauschenden Party, nach der großen Euphorie, ein noch größerer Kater. Es folgte ein jahrelanges Siechtum, von dem sich die Börse erst 2007 wieder erholt hatte. Dabei hatte es Warnsignale gegeben. Es ist ungesund, wenn bewährte Kennzahlen auf einmal nichts mehr zählen. Es ist ungesund, wenn wie zu Zeiten der Internetblase immer kreativere Bewertungsmethoden ins Feld geführt werden, um die Kursentwicklung zu rechtfertigen. Solche Aktivitäten sind allerdings hervorragende Indikatoren für eine euphorische Marktstimmung. Hören wollte das damals aber niemand. Ziemlich genau 20 Jahre nach Gründung des Neuen Marktes habe ich im März 2017 Karl Matthäus Schmidt getroffen. Er hat in den 1990er-Jahren mit Mitte 20 mit Consors den ersten deutschen Onlinebroker gegründet, eine der Überfliegeraktien des Neuen Marktes, und kann sich noch ziemlich gut an die wilde Zeit erinnern. Ich mag eine Menge Lehrgeld in diesen Jahren gezahlt haben, er ganz sicher ein Vielfaches davon. Aber wir haben uns trotzdem irgendwie gerne an diese völlig verrückte und schmerzhaft lehrreiche Zeit zurückerinnert. Wer denkt nicht gerne an die Goldgräberstimmung zurück, an große Gewinne, die große Party? Falls allerdings heute Euphorie ausbrechen sollte, werden bei uns wohl die Alarmglocken schrillen – hoffen wir zumindest.

Ebenfalls ein guter Indikator für gefährliche Euphorie ist die Berichterstattung in den Medien. Wenn Deutschlands größte Zeitung mit den vier Buchstaben im Logo den jüngsten Dax-Rekord bejubelt, wird es gefährlich. Aber nur, wenn sie das auch auf Seite eins und dann noch ganz oben tut. Der Titelseiten-Indikator, in Deutschland gerne „Bild-Zeitungs-Indikator" genannt, ist ein verlässliches Signal zum Ausstieg. Wenn die Medien euphorisch über die großen Gewinne an der Börse berichten und die Geldanlage zum Topthema machen, ist das für erfahrene Marktteilnehmer ein klarer Kontraindikator. Es ist ein Warnsignal, wenn der verbreitete Börsenoptimismus es auf die Titelseiten von Zeitungen und Zeitschriften geschafft hat. Das gilt natürlich vor allem für Medien, die normalerweise über ganz andere Themen als Börse und Geldanlage berichten und zugleich eine breite Leserschaft haben – getreu der alten Börsenweisheit, dass wir sofort alle Aktien verkaufen sollen, wenn uns der Taxifahrer oder Friseur heiße Börsentipps gibt.

Der Name „Bild-Zeitungs-Indikator“ geht übrigens zurück auf einen ganz konkreten Titel von Deutschlands größter Tageszeitung. Darin stand nämlich die verlockende Nachricht, dass uns der Neue Markt alle reich machen werde. Diesen Titel brachte die Redaktion nur wenige Tage vor Beginn der Trendwende an der Börse – und kündigte damit unfreiwillig das Platzen der Internetblase an. Aber warum sind enthusiastische Schlagzeilen eigentlich so gefährlich? Weil über etwas berichtet wird, was im Grunde schon passiert ist. Die optimistischen Anleger haben da schon längst Aktien gekauft, das Gros der Kursgewinne ist bereits eingefahren. Aber nicht jede sehr positive Schlagzeile über die Börse ist auch gleich ein Verkaufssignal. Wenn Wirtschaftsmedien über Rekorde und Superrenditen berichten, müssen Sie sich noch keine Sorgen machen. Erst wenn thematisch breiter aufgestellte Publikumszeitschriften jubilieren, sollten Sie hellhörig werden. Um ein Signal für antizyklisches Investieren zu geben, muss die Börseneuphorie am Kiosk sichtbar sein. Sie muss es auf die Titelseiten von Blättern schaffen, die sonst eher über die neuesten Ehekrisen von Filmstars und royale Hochzeiten berichten.

Es gibt allerdings auch Experten, die solche Warnsignale skeptisch sehen. Sie sind überzeugt, dass Stimmungsindikatoren nicht zur Prognose der Marktentwicklung taugen. Die Geschichten über euphorische Märkte würden in der Regel erst dann geschrieben, wenn die Märkte eingebrochen seien, sagen sie. Und diejenigen, die ohne anschließenden Markteinbruch geschrieben worden wären, würden in Vergessenheit geraten. Ich sehe das anders. Stimmungsindikatoren funktionieren sehr wohl.

Die unbeliebteste Rally aller Zeiten

Ein weiteres Beispiel ist der Dax-Rekord aus dem Frühjahr 2015. Bis auf 12.400 Punkte war der deutsche Leitindex geklettert. Champagnerkorken auf dem Parkett? Eher nicht. Große Berichterstattung auf den Titelseiten von Bild und Co? Fehlanzeige. Euphorie? Von wegen. Es muss nämlich nicht jede Rekordjagd zwangsläufig von überbordender Freude begleitet werden. 2015 sprachen die Wirtschaftsmedien sogar von der „unbeliebtesten Rally aller Zeiten". Überhaupt war die Berichterstattung eher zurückhaltend. Die Experten äußerten eher Skepsis in Bezug auf die Marktsituation als euphorische Kaufempfehlungen. Die Stimmung war zwar nicht richtig schlecht, aber auch nicht toll. Und so blieb auch der Crash nach dem Dax-Hoch aus. Zwar ging es hinterher abwärts – der Finanzkrise sei Dank –, aber an solche Schwankungen oder Korrekturen um 20 Prozent hatten sich Anleger in den Jahren der Eurokrise fast schon gewöhnt. 20 Prozent Minus? Das mag heftig für uns Anleger sein, aber ein Crash ist das qua Definition noch nicht. Das müssen wir aushalten können. Es ging ja auch recht schnell wieder kräftig aufwärts. Übrigens waren die Privatanleger bei dieser Rally nebst Dax-Hoch und auch den folgenden sehr guten Börsenjahren nicht an Bord.

Auch das ist ein guter Indikator: Wenn sich alle für Aktien interessieren und die Zahl der Aktionäre wie zu Zeiten des Neuen Marktes stark steigt, wird es gefährlich. Die berühmte Hausfrauen-Hausse ist ein sehr guter Indikator. Wenn schon wirklich alle Aktien haben, wer soll sie dann noch kaufen? Und Aktienkäufe braucht es schließlich, damit die Kurse weiter steigen. Doch wenn die Rally quasi unter Ausschluss der breiten Öffentlichkeit vonstattengeht und die Partystimmung nicht so recht aufkommen mag, dann ist das ein gutes Zeichen. Die Hausse nach dem Crash 2007/2008 ging an Privatanlegern weitgehend vorbei. Sie blieben skeptisch und trauten sich nicht an die Börse. Das ist aus Rendite-Gesichtspunkten natürlich schade, aber zeigt eben auch, dass die Begeisterung sich in Grenzen hält. Und das ist gut.

Es klingt unlogisch, aber es ist viel besser, wenn die Kurse steigen, aber die Anleger eher skeptisch sind. Zu schlecht sollte die Stimmung aber auch nicht sein: Gefährlich wird es auch, wenn die Börsianer den Markt als teuer wahrnehmen und die fundamentale Entwicklung negativ einschätzen. Ob gerade Euphorie oder Trübsal an der Börse herrscht, ist natürlich auch eine ziemlich subjektive Wahrnehmung. Vielleicht freuen Sie sich gerade über eine Aktie, die ihren Kurs binnen weniger Monate verdoppelt hat. Vielleicht sind Sie sogar ein bisschen euphorisch beim Blick auf Ihr Depot. Und beim Blick auf den Gesamtmarkt. Doch vielleicht bewerten Sie das Börsengeschehen ganz anders als das Gros der Marktteilnehmer. Dann ist Ihre persönliche Euphorie natürlich kein Warnsignal.

Auf die allgemeine Stimmung auf dem Parkett kommt es an. Wie die ist, können Sie leider weder an der Kurstafel ablesen noch in den Gesichtern der Händler. Sogenannte Sentiment-Analysen helfen uns aber dabei und sind beeindruckend treffsicher. Dabei werden Woche für Woche Tausende Anleger befragt, institutionelle ebenso wie private. Wir Anleger geben an, wie wir die aktuelle Situation an der Börse einschätzen, ob wir aktuell eher steigende, fallende oder seitwärts tendierende Kurse erwarten. Die gleiche Frage beantworten wir für unsere mittel- bis langfristige Einschätzung. Und die Experten wollen wissen, ob wir derzeit investiert sind, kaufen oder verkaufen wollen. Aus all dem destillieren die schlauen Börsenpsychologen dann eine Indikation für die kommende Woche und die nächsten Monate.

Für die Analysten ist das kurzfristige Sentiment – so heißt die Stimmung im Börsendeutsch – ein äußerst wichtiger Kontraindikator. Sind wir total pessimistisch, dann ist das ein Signal für steigende Börsenkurse. Sind wir extrem gut gelaunt, sogar euphorisch, dann ist das ein Warnsignal. Anders sieht es beim langfristigen Sentiment aus. Gute Stimmung deutet auf eher steigende Kurse hin, schlechte Stimmung auf sinkende Notierungen. Natürlich spielt auch unsere Disposition in die Analyse hinein. Denn natürlich bewerten wir die Börse anders, wenn wir voll investiert sind, als wenn wir demnächst einsteigen wollen. Das Ganze ist eine Wissenschaft für sich. Börsenpsychologie eben. Und übrigens eine meiner großen Leidenschaften. Mit „Gierig. Verliebt. Panisch" habe ich auch ein Buch darüber geschrieben – und bei der Recherche viel über Anleger und vor allem mich selber gelernt.

Aber zurück zum Sentiment. Es kann also durchaus sein, dass die Stimmung aktuell gar nicht so gut ist, Investoren eher skeptisch sind und die Kurse trotzdem steigen. Das ist sogar sehr wahrscheinlich. Klingt nicht ganz logisch, aber so funktioniert die Börse – zumindest kurzfristig. Wenn Euphorie ausbricht, wird es gefährlich. Dann steht die Rally auf tönernen Füßen. Zumindest ein kurzfristiger Rücksetzer könnte drohen. Das heißt aber nicht, dass die Kurse sofort massiv einbrechen. Die Phase steigender Kurse kann sogar durchaus weitergehen, wenn die Stimmung gut, aber nicht zu gut ist.

Die Hausse nährt die Hausse

Denn schließlich besagt eine andere Börsenweisheit: Die Hausse nährt die Hausse. Übersetzt heißt das nichts anderes, als dass die gute Stimmung an der Börse ansteckend ist – und die Kurse weiter steigen. Sir John Templeton hat das so beschrieben: „Haussemärkte entstehen in Pessimismus, wachsen in Zweifel und Misstrauen, reifen in Optimismus und sterben schließlich in Euphorie." Gute Stimmung ist ansteckend, aber erst wenn sie überbordend gut ist, wird es gefährlich. Psychologie pur. Kurz- oder mittelfristig ist genau diese Psychologie an der Börse das Ausschlaggebende, bevor sich die Fundamentaldaten wieder durchsetzen. Es ist sogar empirisch belegt, dass Rekordstände bei Aktien oder anderen Anlageklassen große Anziehungskraft auf neue Investoren haben. Es sind besonders die Privatanleger, die von Höchstständen angelockt werden. Es ist ein oft beobachtetes Phänomen: Sie verpassen den vorangegangenen Anstieg und investieren erst, wenn die Märkte schon sehr gut gelaufen sind. Die aktuelle Rally dauert nun schon mehr als acht Jahre. Es ist die zweitlängste in jüngerer Vergangenheit. Die Historie zeigt allerdings, dass die durchschnittliche Länge einer positiven Marktentwicklung nur rund dreieinhalb Jahre beträgt. Das bedeutet aber natürlich nicht, dass eine solche Phase nicht deutlich länger andauern kann.

Zumal die Privatanleger noch immer nicht dabei sind. Die Deutschen meiden Aktien nach wie vor. Im internationalen Vergleich sind sie eben eher risikoscheu. Nur gut neun Millionen Aktionäre und Aktienfondsbesitzer zählt das Deutsche Aktieninstitut (DAI). Das sind rund 14 Prozent der Bevölkerung. Alle anderen lassen die Finger von dieser Anlageform. Zu riskant, nur was für Profis, lautet das allgemeine Vorurteil. Doch langfristig sind Aktien die renditestärkste Anlageklasse überhaupt.

Trotzdem ist die Mehrzahl der Deutschen der Börse in den vergangenen Jahren ferngeblieben und hat die Hausse verpasst. Neue Dax-Rekorde könnten sie vielleicht anlocken. Viele Anleger treffen ihre Entscheidungen nämlich leider ausschließlich aufgrund der vergangenen Wertentwicklung – und bei oder nahe einem Rekordhoch sieht die natürlich blendend aus. Doch viel besser wäre es, sich vor allem auf die zukünftigen Entwicklungschancen zu fokussieren. Treffen nämlich Investoren massenhaft „blinde“ Kaufentscheidungen allein aufgrund neuer Rekordstände, kann das zu einer Überbewertung oder sogar Blase führen, die zwangsläufig irgendwann korrigiert wird – indem sie platzt. Ein Ausspruch des einstigen US-Notenbankchefs Alan Greenspan zeigt, wo die Krux liegt: „Es war sehr schwierig, eine

Spekulationsblase zu erkennen, bevor das Platzen der Blase selbst ihre Existenz bestätigte." Das Zitat stammt aus dem Jahr 2002, kurz zuvor war die Dotcom-Blase geplatzt. Doch Greenspans Aussage ist zeitlos: Ob eine Spekulationsblase vorliegt oder nicht, wird im Regelfall erst nach deren Platzen erkannt. Mit dem großen Nachteil, dass es dann jedoch zu spät ist. Die vorangegangene, übertriebene Hausse wird oftmals auf irgendwelche Gründe wie gute wirtschaftliche Bedingungen oder monetäre Unterstützung zurückgeführt. Die Kurse machen dann – wie so häufig – die Nachrichten, und nicht umgekehrt. Psychologie statt Fundamentaldaten.

Was überhitzt, muss irgendwann wieder abkühlen

Spekulationsblasen sind so alt wie der Kapitalmarkt selbst. Bereits im Jahr 1637 wurden Anleger von der ältesten aufgezeichneten Preisblase eiskalt erwischt. Dabei handelte es sich um die Tulpenmanie, die in den Niederlanden ausgebrochen war. Damals vervielfachte sich der Preis für eine Tulpenzwiebel und überstieg zeitweise den Wert einer Stadthausvilla in Amsterdam – die totale Überhitzung. Völlig irre, dass Menschen so viel für eine einzige Tulpenzwiebel zu zahlen bereit waren. Doch so ist das eben, wenn Blasen sich aufpumpen. Es kam, wie es kommen musste: Die Blase platzte und der Preis brach um mehr als 99 Prozent ein. Seither gab es immer wieder ähnliche Übertreibungen, denn Kapitalmarktblasen sind kein temporäres Phänomen einer bestimmten Generation, sondern ein übergreifendes Thema, das jeden Markt – egal, in welchem Jahrzehnt oder in welcher Epoche – erwischen kann.

Das Phänomen der Blasenbildung ist eigentlich einfach zu beschreiben, aber trotzdem nicht leicht zu erkennen – da hat Greenspan auf jeden Fall recht: Ein Blase entsteht, wenn der Preis für ein

Investment immer stärker nach oben hin vom inneren Wert abweicht. Was überhitzt, muss eben irgendwann auch wieder abkühlen oder platzen. Der Nobelpreisträger Robert Shiller von der US-Universität Yale beschreibt die Entstehung einer Kapitalmarktblase so: Wenn die Preise zu steigen beginnen, werden zunächst einige Anleger auf den Preisanstieg aufmerksam und steigen ein. Dadurch verselbstständigt sich der Enthusiasmus des Marktes zum jeweiligen Wert. Neue, oftmals unerfahrene Investoren investieren und treiben den Preis weiter – die Hausse nährt die Hausse. Dieser irrationale Überschwang erhöht die Erwartungen an weitere Preisanstiege, Investoren übertragen die aktuellen Steigerungen weiter in die Zukunft und blenden fundamentale Daten aus. Euphorie und Gier treiben die Kurse immer und immer weiter.

Das Ganze entwickelt eine Eigendynamik, die den Abstand zwischen dem gehandelten Preis und dem inneren Wert immer weiter vergrößert. Das kann lange Zeit gutgehen, viele Investoren fahren stattliche Gewinne ein. Oft sind es allerdings nur Buchgewinne, denn in Hoffnung auf immer weiter steigende Preise verkaufen die Anleger natürlich nicht. Die Gründe für den Run sind laut Shiller oftmals oberflächlicher Natur und werden gern mit dem Eintritt in eine neue Ära begründet, weswegen es keine Vergleichswerte gibt und konventionelle Bewertungsmethoden vermeintlich keine Anwendung mehr finden. Denken Sie nur an den Internethype rund um den Neuen Markt und die gigantische Dotcom-Blase.

Die Blase selbst erzeugt also das Fundament für den eigenen Untergang. Irgendwann beginnt sich der Höhenflug zu verlangsamen oder gar zum Stillstand zu kommen, zum Beispiel weil bereits ein Großteil der Marktteilnehmer investiert ist und erste Zweifel laut werden. Sobald es zu ersten größeren Verkäufen kommt und Investoren beginnen, die Begründungen für den Boom anzuzweifeln, verselbständigt sich dieser Trend – in den meisten Fällen rasant. Die Blase platzt! Während das Wachsen einer Blase Jahre in Anspruch nehmen kann, geht das darauf folgende Platzen deutlich schneller. Die Immobilienblase in den USA benötigte fünf Jahre – von Ende 2002 bis Ende 2007 –, um sich aufzupumpen, während der Zusammenbruch nur etwa 14 Monate dauerte. Der Börsencrash im Jahr 1929 vollzog sich noch schneller. Innerhalb von nur zwei Monaten verlor der S&P 500 mehr als 50 Prozent. Ähnlich hoch waren die Verluste, als die Dotcom-Blase im Jahr 2000 platzte.

Seit 1971 haben Anleger am Aktienmarkt mehrere deutliche Rücksetzer ertragen müssen. Im Oktober 1987 gab es am sogenannten Schwarzen Montag einen weltweiten Einbruch der Kapitalmärkte. Die Kurse stürzten um mehr als 20 Prozent ab, wobei man bis heute keine konkreten Gründe für den Zusammenbruch nennen kann. Im Vorfeld hatte sich der Dow Jones innerhalb von zwei Jahren mehr als verdoppelt. Dann der Knall zu Beginn des Jahrtausends. Beim Platzen der Dotcom-Blase wurde vor allem der Technologiesektor in Mitleidenschaft gezogen – aber nicht nur er. Auch Standardwerteindizes wie Dow Jones und Dax kamen unter die Räder. Sieben Jahre später folgte der Zusammenbruch des Finanzmarkts infolge der Immobilienblase. Die Folgen dieser Krise sind noch immer nicht ausgestanden, zumindest realwirtschaftlich nicht.

Der Dax hat sich nach seinen Tiefständen in der Schuldenkrise nach und nach erholt – und mit ihm viele andere Weltbörsen. Wer damals einstieg, kann sich heute über eine Kursvervielfachung des Dax freuen. In den Jahren nach der Finanzkrise knackte er seinen damaligen Rekord und kletterte dann von Hoch zu Hoch. Rekordstände bedeuten nicht zwangsläufig, dass nach jedem neuen Rekord eine stärkere Konsolidierungsphase eintreten muss. Allerdings bewegen sich Märkte niemals linear, starke Kursanstiege müssen immer abgearbeitet werden, um Überhitzungen vorzubeugen. Leichte und mittelschwere Korrekturen gehören deshalb zum Marktgeschehen dazu und fördern die innere Stabilität der Hausse.

Jede noch so gute Börsenphase endet irgendwann

Spannend sind die Wendepunkte. Doch wie können wir die erkennen? John Maynard Keynes hat es einmal so beschrieben: „Spekulanten mögen so lange keinen Schaden anrichten, wie die Blasen dem steten Strom des Geschäftslebens gleichen, aber die Angelegenheit wird ernst, wenn das Geschäftsleben sich zur Blase auf einem Strudel der Spekulation entwickelt", sagte der legendäre Wirtschaftswissenschaftler. „Wenn die Kapitalbildung eines Landes zum Nebenprodukt der Geschäfte eines Kasinos wird, droht die Sache schiefzugehen." Um von einer echten Hausse zu sprechen, sollte sie schon mehrere Jahre andauern. Doch irgendwann endet jede noch so gute Börsenphase. Wann es so weit ist, lässt sich wirklich schwer sagen. Denken Sie nur an die Aussage des ehemaligen Notenbankchefs Bernanke. Eine gute Börsenphase läuft vor allem dann aus, wenn es der Realwirtschaft nicht gelingt, sich weiter so zu entwickeln, dass weitere Kursanstiege an den Börsen gerechtfertigt wären. Kurse reagieren dann auf positive Nachrichten nicht mehr besonders. Und dann kippt die Stimmung.

In einem Punkt sind sich die Experten allerdings einig: Der absolute Indexstand sagt wenig darüber aus, ob die Marktteilnehmer zu euphorisch sind – egal ob magische Marke oder Allzeithoch. Entscheidend ist die Bewertung. Traditionell enden Bullenmärkte in deutlichen Übertreibungs- beziehungsweise Überhitzungsphasen – Stichwort Euphorie. Das heißt übersetzt, die Bewertungen laufen gewissermaßen aus dem Ruder. Zu Zeiten des Neuen Marktes war selbst der Dax mit einem Kurs-Gewinn-Verhältnis von mehr als 30 bewertet, einzelne Werte waren noch teurer. Der langfristige Durchschnitt liegt bei gut 14, was ein faires Verhältnis zwischen Kursen und Gewinnentwicklung impliziert.

Wie weit solche Bewertungen aus dem Ruder laufen, bevor es knallt, das kann niemand prognostizieren. Die aktuelle Hausse ist – allen Schwankungen und Rücksetzern zum Trotz – eine der längsten in der Börsengeschichte. Dass sie deshalb enden muss, warum? Extreme Kursraketen wie zu Zeiten des Neuen Marktes sind nicht gezündet worden. Denn erst dann wird es gefährlich. Fast immer liegt in der Endphase eines Trends ein gefährlicher Herdentrieb vor, der zu einer massiven Überbewertung führt. Wenn es so weit ist, dann reicht fast jeder Anlass aus, um eine Trendwende zu bewirken und den Crash auszulösen. Davor muss man als langfristig agierender Investor aber keine Angst haben. Zu den Börsen gehört ein unvermittelter Crash ebenso dazu wie neue Höchststände. Und genauso gehören zu den Märkten Emotionen von Gier bis Panik, von Trübsal bis eben Euphorie. Diese Extreme sind gute Indikatoren dafür, dass ein Trend an den Märkten bricht oder eben die Hausse endet. Die Kunst ist es, diese extremen Emotionen rechtzeitig zu erkennen. Es ist wohl unumstritten: Die Hausse nährt die Hausse – Stichwort Herdentrieb. Und: Die Hausse stirbt in der Euphorie. Lassen Sie sich bloß nicht mitreißen! Viel gesünder ist es, der Börsentendenz entgegenzugehen. Das besagt zumindest eine weitere Weisheit.

6

Man muss der Börsentendenz entgegengehen, nicht nachlaufen.

Das Streben nach maximaler Rendite treibt Investoren von jeher an. Besser zu sein als die Masse, davon träumen nicht nur professionelle Investoren. Auch Privatanleger möchten an der Börse besser abschneiden als beispielsweise der deutsche Aktienindex Dax oder doch zumindest höhere Gewinne einfahren als der Nachbar. Doch das ist gar nicht so einfach. Schon John M. Templeton sagte einst: „Es ist nicht möglich, ein überragendes Anlageergebnis zu erzielen, es sei denn, man macht etwas anderes als die Mehrheit." Die Aussage des Anlageexperten und Gründers der gleichnamigen Fondsgesellschaft ist unumstritten. Natürlich hatte John Templeton recht: Blind der Herde nachzulaufen führt garantiert in die Mittelmäßigkeit. Und mittelmäßig wollen wir ja schließlich nicht sein. Doch was ist der Ausweg? Wie schaffen wir es, überragende Anlageergebnisse zu erzielen? Eine alte Börsenweisheit besagt: Man muss der Börsentendenz entgegengehen, nicht nachlaufen.

Tatsache ist, dass es in der Börsenhistorie oft sinnvoll war, gegen den Strom zu schwimmen. Wenn jeder in die gleiche Richtung schwimmt, gehen alle den Bach runter. Situationen, in denen spezielle Investments von der Anlegermehrheit vernachlässigt oder gänzlich ignoriert wurden, erwiesen sich im Rückblick nicht selten als günstige Einstiegsgelegenheit. Diese Chancen gilt es zu erkennen, um besser abzuschneiden als die Masse. Doch das ist nicht so einfach, denn Anleger müssen sich dabei gegen die allgemein gültige Marktmeinung stellen. Sie müssen gegen den Strom schwimmen. Derartige Investments bergen in der Regel auch hohe Risiken. Meist gibt es schließlich gute Gründe, warum bestimmte Anlageklassen abgestraft werden. Zudem gibt es das elementare Anlegerproblem des richtigen „Timings": Den richtigen Zeitpunkt für den Einstieg an der Börse zu erwischen ist fast unmöglich.

Doch es gibt immer wieder Investoren, die es schaffen. Ob das Glück oder Können ist, darüber streiten die Gelehrten. Wahrscheinlich eine Mischung von beidem. Die Chancen an der Börse zu erkennen, das ist schon ein bisschen einfacher. Einer, der das besonders gut kann, ist Warren Buffett – obwohl seine Investments mitunter ganz schön waghalsig erscheinen. Als Anleger müssen Sie mutig, fast schon abgebrüht sein, um der Börsentendenz entgegenzugehen. Wobei Sie „entgegengehen" im Sinne von „willkommen heißen" verstehen sollten. Antizyklisch zu investieren heißt im Grunde, den anderen entgegenzugehen, sich nicht stur gegen sie zu stellen. So quer würde selbst Warren Buffett nicht denken.

Obwohl uns seine Anlageentscheidungen manchmal schon mächtig verquer vorkommen. So hat der Superinvestor beispielsweise mitten in der Finanzkrise Bankaktien gekauft. Dabei waren es doch genau die Banken, die die Krise nicht nur ausgelöst hatten, sondern auch selber noch mächtig in Schieflage gerade waren. Die logische Entscheidung der meisten Investoren war deshalb auch, sich von diesen Papieren zu trennen. Buffett tat genau das Gegenteil. Er sammelte die abgestürzten Bankaktien reihenweise ein. In vier der sieben größten US-Banken investierte er über seine Investmentholding Berkshire Hathaway, darunter auch in Bank of America. Die Aktie war vor dem Einstieg des Superinvestors binnen weniger Monate um stolze 45 Prozent eingebrochen, für Buffett eine Chance.

Ein einfaches und geniales Erfolgsrezept

Nun wissen erfahrene Börsianer natürlich, dass der alte Herr ein verdammt gutes Näschen hat, wenn es um seine Investments geht. Nicht umsonst trägt er den Spitznamen „Das Orakel von Omaha" – in das verschlafene Städtchen in Nebraska lädt Buffett Jahr für Jahr zu seinem Investorentreffen. Aber Bankaktien inmitten einer schlimmen

Banken- und Wirtschaftskrise kaufen? Auf die Unternehmen setzen, die die Krise mit ihren Zockereien überhaupt erst ausgelöst haben? Geht das nicht zu weit? Ist das nicht die noch größere Zockerei? Der Anlageerfolg hat Buffett recht gegeben, wieder einmal. Seine Beteiligungen an den Banken waren schnell sehr viel mehr wert als zu den Hochzeiten der Finanzkrise, als Buffett eingestiegen war. Einmal mehr ist er seinem Ruf als erfolgreichster Investor der Welt gerecht geworden.

Sein Geld anzulegen, wie es Warren Buffett tut, ist sicher eine der besten Anlagestrategien. Der Superinvestor ist ein klassischer Value-Investor. Sein Erfolgsrezept ist ebenso einfach wie genial: Buffett investiert in Unternehmen, die weniger kosten, als sie wert sind. Dabei setzt er auf Firmen, die einen dauerhaften Wettbewerbsvorteil haben und eine marktbeherrschende Stellung genießen.

Zum Erfolgsrezept des Starinvestors zählt auch, dass er seinen Anlageregeln über Jahrzehnte treu geblieben ist. Den Grundstein seines gigantischen Erfolges legte er 1965. Damals übernahm er den Textilhersteller Berkshire Hathaway. In den folgenden Jahren wurde aus dem Unternehmen seine heute weltbekannte Investmentholding. Wer Mitte der 1960er-Jahre eine Berkshire-Aktie kaufte, der hat damit eine Rendite von knapp zwei Millionen Prozent erzielt oder durchschnittlich knapp 21 Prozent pro Jahr. Ein gigantischer Erfolg. Das amerikanische Börsenbarometer S&P 500 hat Buffett damit mehr als übertrumpft, wie folgendes Zahlenspiel zeigt: Wenn Sie vor vier Jahrzehnten nur 1.000 Dollar in die Buffett-Aktie investiert hätten, wären sie heute fast dreifacher Millionär. Hätten Sie breit gestreut in den S&P 500 investiert, kämen sie auf schlappe 22.000 Euro. Auch nicht schlecht, aber im Vergleich sehr viel schlechter. Optisch wird der krasse Unterschied übrigens besonders deutlich: Der Vorsprung der Berkshire-Aktie ist so gewaltig, dass in diesem Bild der

Vergleichsindex mehr oder horizontal verläuft und fast mit der Zeitachse verschmilzt – während es mit der Aktie steil aufwärts geht.

Aber auch für einen Superinvestor läuft es nicht immer gleich gut. In jüngster Vergangenheit hat der bekennende Cherry-Coke-Trinker Buffett mehrmals schlechter abgeschnitten. In diesem Jahrtausend kommt die Aktie schon auf sechs Verlustjahre im Vergleich zum Index. Sechs Mal hat die Aktie also weniger Ertrag gebracht als die Wall Street. Doch die langfristige Bilanz kann sich wirklich sehen lassen. Warren Buffett hat nicht umsonst einen so guten Ruf. Da wundert es auch nicht, dass viele Anleger weltweit geradezu darauf gieren, dass die neuesten Deals von Berkshire veröffentlich werden – und sie dann nachmachen. Natürlich können sie sich auch einfach die Buffett-Aktie ins Depot legen und ganz automatisch von den Eingebungen des Orakels von Omaha profitieren.

Sein Rezept ist ebenso einfach wie genial: Er sucht nach Unternehmen, deren wahrer Wert von anderen Investoren noch nicht erkannt wurde. Dabei denkt der Value-Investor weit voraus und beweist echte Fantasie. Modeaktien meidet er, ebenso den prozyklischen Herdentrieb. Buffett geht der Börsentendenz also entgegen. Oder um es in seinen Worten zu beschreiben: „Seid gierig, wenn andere ängstlich sind, und seid ängstlich, wenn andere gierig sind." Der Superinvestor investiert antizyklisch. Auch Kostolany war überzeugt: „Je geschickter ein Spekulant ist, desto eher geht er gegen die allgemeine Tendenz." Antizyklisches Verhalten zahlt sich an der Börse oft aus.

Wer wie Warren Buffett seine Strategie sehr konsequent verfolgt, hat zudem seine Emotionen besser unter Kontrolle. Nur dann können wir als Investoren die großen Chancen überhaupt erst erkennen, die sich in hektischen Marktphasen eigentlich immer bieten. Denken Sie an die Bankaktien: Buffett war gierig, als alle ängstlich waren. In solchen Phasen laufen Antizykliker zu Hochform auf. Wer hysterisch oder panisch ist, agiert dagegen eher im Blindflug. Natürlich kaufen Investoren à la Buffett nicht wild und wahllos, was gerade kräftig abgestürzt ist. Ein bisschen komplizierter ist es schon. Magische Kräfte hat aber auch das Orakel von Omaha nicht. Sondern eine sehr spezielle und äußerst erfolgreiche Art, Aktien auszusuchen.

Intelligent investieren wie Buffett und Graham

Die ist aber weder Raketenwissenschaft noch ein Geheimnis. Value-Investoren schauen auf ganz bestimmte Kennzahlen, um in unterbewertete Aktien zu investieren. Statt auf Gewinn oder Umsatz schauen sie lieber auf den Buchwert eines Unternehmens. Für sie ist diese Kennzahl, die über das Eigenkapital des Unternehmens Aufschluss gibt, wichtiger. Im Gegensatz zu anderen Gewinnkennziffern lässt sich dieser Wert in der Bilanz nur sehr schwer frisieren. Das Kurs-Buchwert-Verhältnis ist also eine sehr ehrliche Bewertungskennzahl. Liegt der Börsenwert unter dem Buchwert, ist der Konzern unterbewertet – für Value-Anleger ein Kaufsignal. Je niedriger das Kurs-Buchwert-Verhältnis, desto besser.

Erfunden hat diese Methode übrigens nicht Buffett selbst, sondern sein Lehrmeister, der 1976 verstorbene Benjamin Graham. Er lehrte von 1928 bis 1957 an der Columbia University und veröffentlichte 1934 mit „Security Analysis“ einen absoluten Klassiker. Sehr viel bekannter und ein Muss für alle Value-Anleger ist der etwas populärwissenschaftlichere Nachfolger „The Intelligent Investor“ von 1949. Für Graham war es schlicht Unsinn, das Risiko (und die Chance) einer Aktie anhand des Aufs und Abs der Börsenkurse zu beurteilen. Denn das Risiko, das Sie als langfristiger Investor tragen, ist ein anderes: Es ist die Gefahr, einen dauerhaften Verlust zu erleiden oder eine Rendite zu erzielen, die hinter die Erwartungen oder den Markt zurückfällt. Dieses Risiko wollte Graham in den Griff bekommen und brachte dazu die „Sicherheitsmarge" ins Spiel. Vereinfacht funktioniert sein Ansatz so: Kaufen Sie eine Aktie nur dann, wenn der Preis, den Sie zahlen, deutlich geringer ist als der Wert des Unternehmens. Diese Differenz ist die Sicherheitsmarge. Graham schaute dabei unter anderem auf Bewertungskriterien wie Umsatzgröße, Finanzstruktur und Liquidität.

Buffett hat die Methoden seines berühmten Lehrmeisters verfeinert. Der Schüler glaubt, dass Unternehmen mit einem langfristigen Wettbewerbsvorteil das bessere Investment sind und ihn umso reicher machen, je länger er sie hält. Buffett hat erkannt, dass er gar nicht unbedingt zu warten braucht, bis ihm der Aktienmarkt einen Schnäppchenpreis serviert. Wie schwierig die Schnäppchenjagd an der Börse ist, wissen wir ja. Bereits wenn er einen fairen Preis bezahlt, kann er dank solcher Unternehmen steinreich werden. Warren Buffett achtet darauf, dass das Unternehmen langfristig erfolgreich ist. Deshalb schaut er sich immer die Bilanzen mehrerer Jahre an. Dabei achtet er vor allem auf die Bruttogewinnspanne; je höher das Verhältnis von Gesamtergebnis und Umsatz desto besser. Firmen mit dauerhaftem Wettbewerbsvorteil punkten bei dieser Kennzahl übrigens überdurchschnittlich. Coca-Cola beispielsweise, eine der Lieblingsaktien des Cherry-Coke-Fans, kommt seit Jahren auf eine sensationelle Bruttogewinnspanne von 60 Prozent und mehr – und hat den Superinvestor reich gemacht.

Sein Anlagestil war übrigens nicht immer unumstritten. Zu Zeiten des Internethypes um die Jahrtausendwende wurde er gar belächelt, weil er nicht in Technologieaktien investierte. Was Buffett nicht versteht, kauft er nämlich nicht. Und von Technik versteht er nichts, wie er damals betonte. Mit dieser Aussage wirkte er ziemlich „von gestern". Das änderte sich schlagartig, als die Internetblase platzte. Dann waren andere Branchen an der Börse gefragt, und von denen verstand Buffett umso mehr. Übrigens führen viele Experten auch die etwas schwächere Entwicklung der Berkshire-Aktie in den vergangenen Jahren auf die Technik-Aversion des Superinvestors zurück. Bei den Wachstumstreibern der vergangenen Jahre, also bei Google, Facebook und Co, war Buffett nämlich nicht investiert. Wohl aber bei Apple. Allerdings zählen viele die iPhone-Aktie eher zu den Konsumwerten. Mit Blick auf die längerfristige Vergangenheit ist aber klar: Antizyklisches Investieren funktioniert ziemlich gut. Aber man braucht dafür einen wirklich langen Atem. Buffett hält viele Aktien über Jahrzehnte. Mitunter hat es eine gefühlte Ewigkeit gedauert, bis sein Engagement aufging und ihm Gewinne bescherte. Seinen Anlagestil hat er einmal sehr einfach beschrieben: „Die schlechteste Zeit, Aktien zu kaufen, ist, wenn alle anderen sich dafür interessieren. Die beste Zeit, Aktien zu kaufen, ist, wenn niemand sich dafür interessiert." In der Praxis mag das nicht immer so leicht sein, funktioniert aber.

Denn gegen den Markttrend zu spekulieren und ihm so vorauszueilen – dazu brauchen wir verdammt starke Nerven. Die Gefahr, falschzuliegen, ist groß. Der Versuch, besser zu sein als die Mehrheit, kommt viele Anleger teuer zu stehen. Und genau hier krankt die Börsenweisheit. Die wenigsten Privatanleger schaffen es, sich gegen die Herde zu stellen. Es ist mehr oder weniger unmöglich für uns, der Börsentendenz entgegenzugehen. Wir verlieren wahrscheinlich die Nerven. Und natürlich fehlen uns auch die Zeit und das nötige Wissen, um Unternehmen derart tief zu analysieren, wie es Buffett und sein Team können.

Kein überragendes Ergebnis ohne erhöhtes Risiko

Trotzdem stimmt die Börsenweisheit. Wer das gleiche Risiko eingeht wie ein Käufer des Aktienindex Dax, der kann auf Dauer nicht besser als das Barometer sein. Templeton hat also recht. Doch was können wir daraus lernen? Wie erreichen wir ein überragendes Anlageergebnis? Auf jeden Fall nur dann, wenn wir ein erhöhtes Risiko eingehen. Wollen wir das wirklich? Klar, wenn die Wette aufgeht, entlohnt eine überragende Rendite für ein eingegangenes Risiko. Wenn wir den Erfolg einer Anlage aber eindimensional nur mit dem Blick auf die Rendite betrachten, finden wir natürlich für jeden Zeitraum Beispiel-Investments, die auf den ersten Blick – und vor allem im Nachhinein – sehr attraktiv wirken. Und genauso viele Gegenbeispiele. Behalten Sie das Risiko also bitte immer im Auge, wenn Sie sich gegen den Markttrend positionieren.

Es müssen übrigens gar nicht immer die ganz heißen, hochriskanten Wetten sein, die Sie für eine Überrendite eingehen. Die Anlagemöglichkeiten zu identifizieren ist gar nicht so schwierig. Denken Sie an die zu gute oder zu schlechte Stimmung an den Märkten, lesen Sie die Sentimentanalysen. Fast immer, wenn die Mehrheit ängstlich ist, steigen danach die Kurse. Und wenn die Mehrheit optimistisch ist, steigen sie zumindest kaum weiter. Die höchsten Renditen würde also derjenige Investor erhalten, der sich einerseits gegen die Mehrheitsmeinung positioniert und andererseits den Mut besitzt, insbesondere in Krisenzeiten bei hoher vorherrschender Angst in den Markt einzusteigen. Letzteres verlangt aber natürlich die Bereitschaft, auch Verluste bewusst in Kauf zu nehmen. Doch gerade dieses Risiko scheuen viele Anleger.

Es ist natürlich psychologisch nicht ganz einfach, alles anders zu machen und sich gegen die allgemeine Meinung zu positionieren.

Wenn die Zeitungen voller negativer Schlagzeilen über ein Land oder eine Region sind, neigen viele Investoren dazu, die Finger von Anleihen und Aktien aus solchen kriselnden Staaten zu lassen. Doch gerade dort gibt es Chancen. Das zeigt auch der Blick auf die vergangenen Jahre. Um ein überragendes Anlageergebnis zu erzielen, hätten Sie Ihre Euroängste bereits im Jahr 2012 beerdigen und 2013 voll auf Aktien setzen sollen. Das hätte sich richtig gelohnt. Ihre Nachbarn hätten Ihnen aber – entschuldigen Sie bitte – wahrscheinlich einen Vogel gezeigt, wenn Sie mitten in der Krise voll auf Europa gesetzt hätten. Aber da müssen Sie durch, wenn Sie antizyklisch handeln, wenn Sie der Börsentendenz entgegengehen und nicht nachlaufen wollen. Denn Ihre Anlageentscheidung wäre keineswegs Konsens gewesen, im Gegenteil. Denken Sie an Warren Buffett und seine Bankaktien.

Es gibt viele Beispiele, in denen sich Mut ausgezahlt hätte. Am Tag nach dem überraschenden „Ja" der Briten zum Brexit hätten Sie einsteigen sollen. Oder aber am Tag nach dem Wahlsieg Donald Trumps, als der Dax in die Knie ging. Die Gewinne hätten Sie ziemlich schnell einfahren können. Im Falle der US-Wahl sogar schon nach wenigen Stunden. Auf die schlechtesten Tage an der Börse folgen historisch betrachtet meistens die allerbesten. Mutig müsste man sein, gierig sein, wenn alle ängstlich sind. Doch das schaffen leider nur die wenigsten, vor allem Privatanleger nicht.

Auch wenn die Aussage von John M. Templeton unbestritten stimmt, hat sie für Privatanleger wenig Nutzen. Als Privatanleger sollten Sie diese Börsenweisheit gelassen ignorieren, indem Sie die weitverbreitete Gier nach Überrendite ablegen. Wissenschaftliche Erkenntnisse kommen nämlich zu dem Ergebnis, dass auf Dauer niemand den Markt schlagen kann. Und ebendiesen Markt können Privatanleger hervorragend mit kostengünstigen und breit streuenden ETFs abdecken.

Vor zu viel Gier kann ich nur warnen. Seien Sie glücklich und zufrieden, wenn Sie über einen längeren Zeitraum die durchschnittliche Kapitalmarktrendite erwirtschaften. Die ist nämlich gar nicht so schlecht. Auch wenn das viele Investoren nicht realisieren und nach mehr streben. Spekulieren Sie nicht mit Ihrem Ersparten. Vermögen kann nur durch diszipliniertes Vorgehen aufgebaut werden, nicht durch heiße Wetten gegen den Markttrend. Es sei denn, Sie heißen Warren Buffett oder haben doch mindestens einen sehr direkten Draht nach Omaha. Das heißt aber natürlich nicht, dass Sie in Krisenzeiten nicht zukaufen sollten. Im Gegenteil: Seien Sie genau dann gierig, stocken Sie Ihre Positionen auf. Aber natürlich nur, wenn Sie auch langfristig agieren. Alles andere ist Zockerei.

7

Das **Geheimnis**
des erfolgreichen
Börsengeschäfts
liegt darin, zu erkennen, was der
Durchschnittsbürger glaubt, dass der
**Durchschnitts-
bürger** tut.

Welche Aktien laufen in den kommenden Wochen und Monaten am besten? Welche Märkte entwickeln sich am erfolgreichsten? Diese Fragen stellen Sie sich doch sicher auch immer mal wieder. Es sind Fragen, die Heerscharen von Anlegern täglich umtreiben. Auch mich, wenn ich ehrlich bin. Es wäre zu schön, die Antworten zu kennen. Denn sie würden uns reich machen. Aber so einfach ist es leider nicht. Oder doch? Der bekannte britische Ökonom John Maynard Keynes sagte einst: „Das Geheimnis des erfolgreichen Börsengeschäfts liegt darin, zu erkennen, was der Durchschnittsbürger glaubt, dass der Durchschnittsbürger tut." Experten können dem Spruch auch heute noch einiges abgewinnen, denn ihm liegt eine Idee zugrunde, die als „Keynes Beauty Contest" berühmt geworden ist.

Die Börse als Schönheitswettbewerb, im Ernst? Als ich diesen Spruch zum ersten Mal gelesen habe, habe ich nur verständnislos mit dem Kopf geschüttelt. Aber Keynes war ja bekanntlich ein ziemlich cleverer Kopf. Es lohnt sich deshalb, sich mit seinem Blick auf die Börse und den Schönheitswettbewerb auseinanderzusetzen. Ein ungewöhnliches, aber irgendwie doch passendes Bild. Den „Beauty Contest" hatte Keynes erstmals im Jahr 1936 in seinem Buch „The General Theory of Employment, Interest and Money" beschrieben. Heute ist er Standard, um die Theorien des sogenannten interaktiven Denkens zu erklären, und zwar nicht nur an den Finanzmärkten. Experten sprechen von „Steplevel-Thinking", dem schrittweisen Vorausdenken.

Gewinnspiele in englischen Zeitungen hatten Keynes in den 1920er-Jahren auf das Phänomen aufmerksam gemacht: Damals waren Gewinnspiele in Mode, bei denen die Teilnehmer aus einer Reihe von Bildern die schönste Frau auswählen mussten. Einen Preis bekam aber nur, wer die Mehrheitskandidatin gewählt hatte. Wer das Spiel gewinnen wollte, musste also antizipieren, welche Frau die anderen

Mitspieler als Schönste wählen würden. Es ging also darum, einen oder mehrere Schritte vorauszudenken.

Auch heute gibt es noch solche Spiele. Es geht beispielsweise bei der Wahl des Tors des Monats nicht darum, das für einen selbst beste Tor zu prämieren, sondern Sie müssen zur Maximierung Ihrer Gewinnchance das Tor angeben, das die Mehrheit der Teilnehmer als bestes Tor wählen wird – ob es Ihnen selbst nun wirklich am besten gefällt oder nicht. Es kann natürlich das objektiv beste Tor sein. Wenn man in diesem Fall überhaupt von Objektivität sprechen kann. Es kann aber auch das Tor des Spielers sein, der die meisten Fans hat. Die wiederum sind dann wahrscheinlich sowieso der Meinung, ihr Spieler schieße die besten Tore. So denken Fans eben. Aber Aktionäre?

Wer sich gegen den Markt stellt, kann nicht gewinnen

Keynes war überzeugt, dass sein psychologisch und verhaltensökonomisch orientierter Ansatz auch an der Börse gilt, und ergänzte seine Aussage vom Durchschnittsbürger noch: „Es gibt nichts, was so verheerend ist wie ein rationales Anlageverhalten in einer irrationalen Welt." Übersetzt heißt das so viel wie: Es bringt nichts, sich komplett gegen den Markt zu stellen. Im Gegenteil, wer sich immer gegen die allgemeine Marktmeinung positioniert, kann nicht gewinnen. Das tun auch die antizyklischen Investoren nicht. Der Börsentendenz entgegenzugehen, wie es die Antizykliker tun, heißt im Grunde, ihr voraus zu sein, sie willkommen zu heißen, aber nicht ständig dagegen zu sein.

Keynes' Interpretation des Anlegerverhaltens steht im scharfen Gegensatz zur heute noch vorherrschenden, wenn auch nicht unumstrittenen Theorie effizienter Kapitalmärkte. Diese Theorie ist auf den amerikanischen Wirtschaftswissenschaftler und Nobelpreisträger Eugene Fama zurückzuführen. Seine Markteffizienz-Hypothese besagt, dass in einem effizienten Markt die Preise von Wertpapieren neue und wertrelevante Informationen unverzüglich widerspiegeln. In einem Markt, in dem man stets zu Preisen kaufen und verkaufen kann, die sämtliche Informationen reflektieren, kann man davon ausgehen, dass man nie zu teuer kauft und nie zu billig verkauft. In der Konsequenz würde daraus auch folgen: Niemand kann erwarten, dauerhaft höhere Gewinne als der Markt oder doch zumindest der Marktdurchschnitt zu erzielen. Die Anwendung der Markteffizienz-Hypothese bezieht sich in aller Regel nur auf Kapitalmärkte. Informationen zu Unternehmen, Staaten und Rohstoffen führen hier bereits Sekunden nach dem Bekanntwerden zu Konsequenzen in den Kursen, was ein Indiz dafür ist, dass die Preise sehr schnell den Informationsstand des Marktes repräsentieren.

Da es sich um eine Hypothese handelt, sind dafür auch keine weiteren Voraussetzungen nötig. Insbesondere ist es keine Voraussetzung, dass der Markt nur aus rationalen Marktteilnehmern besteht oder dass die Information im Markt gleich verteilt ist. Doch genau das glaubte Keynes nicht. Er war überzeugt, dass Anleger alles andere als rational sind. Und das gelte es zu bedenken, wie beim Beauty Contest eben. Doch es gibt durchaus Zweifel an der Praxistauglichkeit von Keynes' Idee. Es gibt nicht das eine Geheimnis, nicht die eine Erfolgsformel für erfolgreiche Spekulationen an der Börse, sagen die Skeptiker. Auch Max Otte erhebt Einwände. „Ich stimme mit Keynes zwar völlig überein, dass die Börse kurzfristig irrational ist", sagt der Börsenprofessor. „Allerdings glaube ich nicht, dass der Keynes'sche Beauty Contest funktioniert."

Keynes selbst hat sich übrigens im Laufe der Zeit auch immer mehr zu einem rationalen, „Value"-orientierten, langfristigen Anleger entwickelt. Value-Investoren suchen nach unterbewerteten Aktien, die die breite Anlegerschar noch nicht entdeckt hat, und sind überzeugt, dass sich die Qualität dieser Papiere langfristig durchsetzt. Value-Investing funktioniert, wenn man Geduld hat und nicht versucht, das zu ergründen, was der Durchschnittsbürger gerade will. Keynes hat eine Menge Lehrgeld bezahlt, bis auch er zu dieser Einsicht gelangt ist.

Vom Wissenschaftler zum begeisterten Investor

Seine Geschichte als Kapitalanleger beginnt im Sommer 1919, als er 36 Jahre alt war – und sie startet nicht gerade triumphal. Als Anleger war Keynes bei Weitem nicht so erfolgreich wie als Wirtschaftstheoretiker, zumindest anfangs nicht. John Maynard Keynes hatte zwar schon als junger Mann vor dem Ausbruch des Ersten Weltkriegs seine ersten Aktien gekauft und auch Vorlesungen über die Finanzmärkte gehalten. Dauerhaft befasste er sich mit der Börse aber nicht. Doch das änderte sich nach Kriegsende und Keynes wurde zu einem begeisterten Investor. Anfangs nutzte er seine Börsengeschäfte dazu, seinen Lebenswandel zu finanzieren. Für den reichten nämlich seine Einnahmen als Dozent, Journalist und Buchautor nicht aus. Später überprüfte er mit seinen Warentermingeschäften auch seine ökonomischen Theorien. Keynes war aber nicht nur Privatanleger. Als Schatzmeister verwaltete er mehr als zwei Jahrzehnte lang die Fonds des King's College in Cambridge, dessen Vermögen er in turbulenten Zeiten sogar vervielfachen konnte. Außerdem beriet er mehrere Versicherungen und Anlagegesellschaften in London.

Natürlich war Keynes im Grunde seines Herzens Wissenschaftler. Seinen Anlageentscheidungen lagen die Ergebnisse und Prognosen eigener langfristiger ökonomischer Analysen zugrunde. Er kaufte beispielsweise Dollar, Norwegische und Schwedische Kronen sowie

Indische Rupien. Und er verkaufte Französische Francs, Gulden, Lire und Mark. Devisengeschäfte gelten als Mutter aller Spekulationen. Keine Anlageklasse ist schwieriger, keine unberechenbarer. Diese Erfahrung musste auch Keynes machen. Anfangs lief es blendend, am 2. Januar 1920 hatte Keynes Gewinne von mehr als 6.000 Pfund realisiert. „Geld ist ein lustiges Ding – es scheint unmöglich zu glauben, dass es unserem gegenwärtigen System erlaubt wird, noch sehr lange so weiterzumachen", schrieb er voller Begeisterung an seine Mutter. „Als Frucht eines kleinen Zusatzwissens und einer bestimmten Erfahrung kommt Geld einfach und in jederlei Hinsicht unverdient ins Haus geflossen." Erfolg ist bekanntlich sehr anziehend. So wundert es kaum, dass Keynes' Verwandte, Kollegen und Freunde ihm und seinen Spekulationsgeschäften folgen wollten. Anfang 1920 gründeten sie gemeinsam ein sogenanntes Syndikat. Startkapital: 30.000 Pfund.

Die hochriskanten Währungsspekulationen zeigen es schon: Der Wissenschaftler war ein ziemlicher Zocker. Er setzte sogar noch einen drauf und spekulierte bald mit Hebelwirkung. Damit lässt sich der Gewinn vervielfachen. Der Verlust allerdings auch. Mit einem Hebel von zehn konnte Keynes Devisen im Wert von 300.000 Pfund mobilisieren, was angesichts der geringen Umsätze in einzelnen Märkten eine nennenswerte Summe war. Seine Spekulation ließ sich wieder hervorragend an, binnen weniger Wochen hatte das Syndikat Gewinne von mehr als 8.000 Pfund realisiert und außerdem noch unrealisierte Gewinne von über 18.000 Pfund in den Büchern sehen. Was für ein Erfolg! Geoffrey Keynes schrieb seinem älteren Bruder Maynard begeistert: „Meine Dankbarkeit Dir gegenüber wächst ebenso wie mein Kapital in einer geometrischen Reihe." John Maynard Keynes wiederum schrieb seinem Vater: „Gewinn oder Verlust – diese Wetten mit hohem Einsatz machen mir Spaß." Keynes senior, der in allen Quellen als sehr ängstlicher Mann geschildert wird, dürfte um sein Geld gefürchtet haben.

Nicht zu Unrecht. Denn als sein ältester Spross nach London zurückkehrte, stand das Kartenhaus seiner Spekulation vor dem Einsturz. Keynes hatte die langfristige Entwicklung der Wechselkurse völlig richtig eingeschätzt, aber kurzfristig lief leider alles gegen ihn. Der Kurs der Mark, auf deren Baisse Keynes gesetzt hatte, startete im Frühjahr 1920 eine mehrmonatige Zwischenerholung. Als die Buchverluste zu groß wurden, wurde es eng für Keynes. Seine Makler wollten Geld sehen. Das Syndikat müsse entweder zusätzliches Geld als Sicherheit einschießen oder die Position mit Verlust sofort liquidieren. Zusätzliches Geld war nicht vorhanden, das Syndikat wurde mit einem Verlust von gut 22.500 Pfund aufgelöst. Und Keynes war um eine wichtige Erkenntnis reicher: „Der Markt kann sich länger irrational verhalten, als man selbst zahlungsfähig bleibt.“ Eine sehr gute Einsicht.

Doch seine Geschichte als Investor war noch nicht vorbei. Keynes tat etwas, wovon ich nur dringend abraten kann: Der Brite spekulierte auf Pump weiter. Er lieh sich wieder Geld und gründete mit Geschäftspartnern neue Syndikate, die nicht nur mit Devisen spekulierten, sondern auch mit Rohstoffen wie Baumwolle, Metalle und Zucker. Außerdem war Keynes immer in Aktien investiert. Obwohl er in den folgenden Jahren ein paar Freunden und Verwandten deren Verluste von 6.700 Pfund zurückzahlte, verfügte er Ende 1924 über ein Vermögen von fast 60.000 Pfund. Das war nicht schlecht. Trotzdem war Keynes' Rendite über die gesamten 1920er-Jahre unbefriedigend, denn die Erträge seines privaten Depots blieben weit hinter der Rendite repräsentativer Aktienindizes zurück. Der Grund waren seine sehr riskanten, oft schuldenfinanzierten Geschäfte. Aber auch die Tatsache, dass Keynes im Börsencrash 1929 rund 80 Prozent

Verlust machte. Mit diesem Kursrutsch hatte er überhaupt nicht gerechnet. Nur zwei Jahre zuvor hatte er dem Zürcher Bankier und Ökonomen Felix Somary versichert: „Unsere Zeit wird keine Börsenkräche mehr erleben." Er lag falsch, sehr falsch.

Keynes' späte Einsicht

Der Wissenschaftler verabschiedete sich in der Folge von der Idee, mit geschicktem Timing an der Börse vom Auf und Ab der Konjunktur zu profitieren: „Mir ist jetzt klar, dass solche Umschichtungen aus mehreren Gründen nicht praktikabel und unerwünscht sind." Denn sie verlangen eine „anormale Voraussicht". Mit einem Vermögen von knapp 8.000 Pfund stand Keynes Ende der 1920er-Jahre kaum besser da als zu Beginn des Jahrzehnts. Zwei Jahre später versuchte er sogar verzweifelt, zwei der wertvollsten Bilder seiner Gemäldesammlung zu verkaufen. Doch weder für Matisses „Déshabillé" noch für Seurats „Study" fand er einen Käufer zu einem akzeptablen Preis.

Keynes' Erfahrungen sind ein weiterer Beweis dafür: Auf dem Parkett ist es nicht immer so einfach, zu erkennen, in welche Richtung die Anlegerherde in den kommenden Wochen und Monaten oder sogar nur Tagen rennen wird. Das war zu Keynes' Zeiten so und das hat sich bis heute nicht geändert. In den vergangenen Jahren ging es an den Börsen sehr turbulent zu. Binnen weniger Tage verlor der Dax beispielsweise im Herbst 2014 gut 15 Prozent seines Wertes. Nur wenige Wochen später war der Schaden wieder behoben. Solche schnellen Richtungswechsel sind immer häufiger geworden und die Ausschläge nach oben oder unten wurden immer heftiger. Dass die Börsen sich chaotisch verhalten und oft scheinbar ohne jedes rationale Kalkül, ist nichts Ungewöhnliches. Natürlich geben uns die Sentiment-Analysen wichtige Hinweise auf diese Ausschläge. Aber wie stark es dann auf- oder abwärts geht, dass lässt sich nicht prognostizieren. Die Börse ist eben irrational und nicht rational. Das musste auch Keynes schmerzhaft lernen.

Zumal sich über die Definition von „rational" trefflich diskutieren lässt. Wer seine Aktien verkauft, weil er das Geld für eine Immobilie braucht, handelt rational, oder? Vielleicht aber auch nicht, wenn er die Chancen und Risiken seines Aktienportfolios mit denen der Immobilie vergleicht, die er kaufen möchte? Es kommt dabei darauf an, welche Ratio, also welches Nutzenkalkül unterstellt wird. Die Theorie der rationalen Erwartungen besagt, dass das, was Menschen denken, stark von dem abhängt, was in der Realität passiert. Im Grunde werden ihre Erwartungen als Spiegel der Fundamentaldaten angesehen. Nicht selten läuft es in der Praxis aber genau anders herum und die Fundamentaldaten werden von den Erwartungen getrieben. Gier, Angst, Panik – all das sind reale Emotionen. Sie beeinflussen das Verhalten der Marktteilnehmer.

Für den langfristigen Anlageerfolg ist es auch gar nicht so entscheidend, ob die Börse gerade irrational ist oder nicht. Sie brauchen eine langfristig funktionierende Strategie. Immer auf die nächste vermeintliche Schönheitskönigin zu setzen wird nicht funktionieren. Wählen Sie eine Strategie, bleiben Sie ihr treu, handeln sie nicht ständig beziehungsweise passen Sie die optimale Aufteilung der Anlageklassen nur in regelmäßigen Abständen an. Ich empfehle, das Depot einmal im Jahr zu überprüfen und anzupassen. Wenn Sie einen sehr langen Anlagehorizont haben, reicht es auch alle zwei Jahre. Dieses rationale Anlageverhalten ist unabhängig von nicht vorhersagbaren Rationalitäten oder Irrationalitäten der Börse.

Aus dem Spekulanten wird ein Kapitalanleger

Das hat irgendwann auch Keynes eingesehen. Seine große Zeit als Investor waren die 1930er-Jahre. Das ist umso bemerkenswerter, als dies die Zeit der Weltwirtschaftskrise war. Anstelle gesamtwirtschaftlicher Analysen beschloss Keynes nun, Aktien als Ergebnis präziser Unternehmensanalysen zu kaufen und langfristig zu halten. „Ich werde im Laufe der Zeit immer überzeugter, dass die richtige Form der Kapitalanlage darin besteht, recht große Beträge in Unternehmen zu investieren, von denen man meint, etwas zu verstehen, und deren Management man vollständig vertraut", lautete sein neues Credo. „Es ist ein Fehler, zu denken, man begrenze sein Risiko, indem man sein Geld zu sehr auf Unternehmen verteilt, von denen man wenig weiß und denen man nicht richtig vertraut. Eigenes Wissen und Erfahrung sind definitiv begrenzt, und es gibt selten mehr als zwei oder drei Unternehmen, in die ich zu einem Zeitpunkt volles Vertrauen setze." Kurz gesagt: Er suchte Aktien, die gemessen an ihrem Ertragspotenzial unterbewertet waren, und davon gab es in der Weltwirtschaftskrise nicht wenige, wenn man nur Geduld mitbrachte. Jahrzehnte später verfolgt Warren Buffett eine ähnliche Strategie.

Einer anderen, auch heute noch sehr populären Strategie konnte Keynes hingegen gar nichts abgewinnen: nämlich der modernen Portfoliotheorie von Harry Markowitz, der dafür übrigens Jahrzehnte später, lange nach Keynes' Tod den Nobelpreis bekam. Die Theorie in aller Kürze: Legen Sie niemals alle Eier in einen Korb. Fällt der Korb herunter, sind alle kaputt. Verteilen Sie die Eier auf viele verschiedene Körbe, so streuen Sie Ihr Risiko auf viele Anlageklassen. Keynes hielt davon wenig, weil der Anleger dafür seiner Meinung nach zu großes Wissen benötigt. Seine Eier auf eine große Zahl von Körben zu verteilen sei der sicherste Weg zu wachsenden Risiken und Verlusten, wenn man nicht die Zeit oder die Gelegenheit besitze herauszufinden, wie viele Körbe in ihrem Boden Löcher haben. Darüber lässt sich trefflich streiten. Unumstritten ist Markowitz' Theorie heute nicht mehr. In der Finanzkrise stürzten nämlich fast alle Anlageklassen – zu den wenigen Ausnahmen zählten Gold und Bundesanleihen – gleichzeitig ab. Dabei hätte ihr Risiko eigentlich nicht korrelieren dürfen. Tat es aber.

Nicht alle Eier in einen Korb? Keynes wählte einen anderen Weg. Er versuchte, sein Risiko innerhalb eines wenige Werte umfassenden Portfolios zu reduzieren. So kaufte er Minenaktien, weil diese Papiere sich historisch anders verhalten hatten als Industrieaktien. Ansonsten investierte er besonders in die britische Automobilindustrie, in die Flugzeugindustrie und in Versorger. In den 1930er-Jahren beschäftigte sich Keynes täglich mindestens eine halbe Stunde mit der Börse. Er verachtete das Telefon als Ruhestörer; die einzigen Personen, mit denen er unablässig telefonierte, waren Börsenmakler in London und New York.

Auch wenn Keynes in diesen Jahren vom Spekulanten zum Kapitalanleger gereift sein mag, heißt das nicht, dass er nicht weiterhin große Risiken einging. Im Gegenteil: Er spekulierte weiterhin auch kurzfristig mit Aktien und Rohstoffen, und einmal ließ er allen Ernstes das Fassungsvermögen der Kapelle des King's College in Cambridge ausmessen, weil er erwog, sich in einem Termingeschäft physisch Getreide ausliefern zu lassen. Die Kapelle ist nicht gerade klein. Seine Risikobereitschaft beweist auch, dass er weiterhin mit geliehenem Geld spekulierte. Ende 1936 hatte er neben einem Nettovermögen von umgerechnet knapp 30 Millionen Pfund außerdem noch mit Kredit finanzierte Wertpapiere über fast 300.000 Pfund in seinen Büchern – das entspräche heute etwa 15 Millionen Euro. Als die Kurse danach einbrachen, musste Keynes mit Verlust verkaufen, um die Kredite zurückzuzahlen. Seine Frau, eine bekannte Primaballerina, war überzeugt: Die großen Sorgen um sein Vermögen waren der Grund dafür, dass sich Keynes nach seinem Herzinfarkt im Jahre 1937 nur langsam erholte. Ganz der Alte wurde er nie mehr.

Die Strategie der „gegenläufigen Meinung"

Doch die Börsenpsychologie ließ ihn nicht los, wie die berühmte Passage über den Schönheitswettbewerb in seiner „General Theory" belegt. Er war zeitlebens überzeugt: Es kommt nicht auf den eigenen Favoriten an, sondern man muss wissen, wer der Favorit der Mehrheit der Teilnehmer ist. Keynes nutzte dieses Wissen allerdings nicht, um mit dem Strom zu schwimmen, sondern um das genaue Gegenteil zu tun: „Die Kapitalanlage ist der eine Bereich im Leben, wo Sieg, Sicherheit und Erfolg immer der Minderheit gehören und nicht der Mehrheit", war er überzeugt. „Wenn Sie jemanden finden, der Ihnen zustimmt, sollten Sie Ihre Meinung ändern. Wenn ich den Vorstand meiner Versicherungsgesellschaft davon überzeugen kann, eine bestimmte Aktie zu kaufen, dann, so weiß ich aus Erfahrung, ist es an der Zeit, sie zu verkaufen." Die Strategie der „gegenläufigen Meinung", also sich gegen die Mehrheitsmeinung an der Börse zu stellen und antizyklisch zu handeln, ist noch heute verbreitet.

Denn in einer irrationalen Kapitalmarktwelt rational zu agieren verspricht auf Dauer mehr Erfolg. Natürlich kommt es aber ganz darauf an, wie Sie Rationalität verstehen. Rationalität bedeutet nämlich nicht zwangsläufig, das zu tun, was alle anderen auch tun. Noch weniger bedeutet es, aufgrund irgendwelcher Trading- oder Timing-Strategien bessere Entscheidungen als der Rest der Anleger treffen zu wollen. Versuchen Sie das bloß nicht. Sich auf diese Weise rational gegen die irrationalen Finanzmärkte zu stellen ist zum Scheitern verurteilt.

Entscheiden Sie sich hingegen, rational im Sinne der Kapitalmarktforschung zu agieren, werden Sie dauerhaft erfolgreich sein. Ich empfehle, ein breit diversifiziertes Aktien- und Anleiheportfolio auf Indexbasis – umgesetzt mit ETFs und, falls es Ihnen lieber ist, aktiv gemanagten Fonds –, mit dem Sie ganz bewusst systematische

Risiken eingehen, für die der Markt Sie dauerhaft und zuverlässig mit Renditeprämien entlohnt. In ein solches Depot gehören beispielsweise Qualitätsaktien, Value-Titel, Dividendenstars, Nebenwerte, aber auch Aktien aus den aufstrebenden Schwellenländern, kombiniert mit Unternehmens- und Staatsanleihen. Eine detaillierte Strategie samt Musterdepots für verschiedene Risikotypen finden Sie in meinem Buch „Einfach erfolgreich anlegen". Eine solche Strategie funktioniert aber nur, wenn Sie ein rationales Engagement konsequent durchhalten, ohne zwischenzeitlich den mitunter irrationalen Märkten ein Schnippchen schlagen zu wollen. Wer diszipliniert vorgeht, wird mit einer überdurchschnittlichen Rendite bei überschaubarem Risiko belohnt.

Langfristige Strategien versprechen mehr Erfolg, als bei jedem Schönheitswettbewerb an der Börse dabei sein zu wollen. Denn die ‚Schönsten' aus diesem Jahr sind nicht zwangsläufig die Gewinner des kommenden Jahres. Favoriten wechseln manchmal schneller als mancher Modetrend. Die Privatanleger sind leider oft die Letzten, die das mitbekommen. An der Börse funktioniert Keynes' bekannte Theorie somit leider nicht. Viele Anleger sehen die Jagd nach dem nächsten Überflieger, der nächsten Schönheitskönigin, als das Geheimnis eines erfolgreichen Börsengeschäfts – und gehen dabei extreme Risiken ein. Aber zum Glück gibt es eine natürliche Notbremse gegen die wilde Spekulation.

8

Der Verlust ist die Notbremse der wilden Spekulation.

Erinnern Sie sich noch an Ihre erste Kursrakete? Die erste 100-Prozent-Aktie? Natürlich tun Sie das! Gewinne tun gut, unendlich gut. Wir fühlen uns unbesiegbar. Ich habe sehr, sehr früh die Aktien von AOL und Amazon gekauft und mit exorbitanten Gewinnen verkauft. Das war um die Jahrtausendwende, bevor die Internetblase platzte. Es war mehr oder weniger Glück, dass ich vor dem Crash ausgestiegen bin. Ein Auslandssemester in Wien stand an, jede Menge Kultur lockte, und dann die Kaffeehäuser. Mit einem Nebenjob war nicht zu rechnen, also habe ich Aktien verkauft. Warum ich damals gleich beide Positionen ganz aufgelöst habe, weiß ich nicht mehr. Es kam mir, glaube ich, gar nicht in den Sinn, nur Teile zu verkaufen. Fakt ist: So viel Geld hätte ich nie ausgeben können. Die dicken Gewinne landeten also auf meinem Konto. Und damit hatte ich verdammt viel Glück. Das Platzen der Internetblase mag andere Werte in meinem Depot erwischt haben, aber meine beiden Star-Aktien nicht. Die Gewinne habe ich gerettet. Mit Können hatte das nichts zu tun. Und wenn ich ganz ehrlich bin: Hätte ich Amazon behalten und alle qualvollen Abstürze tapfer durchgestanden, wären die Aktien heute natürlich viel, viel mehr wert als damals, als ich verkauft habe.

Aber das ist mir egal: Die Depotauszüge habe ich noch heute. Am liebsten würde ich sie mir gerahmt übers Bett hängen. Verzehnfacht und verzwanzigfacht hatten sich meine Investments. Herrlich! Es muss gar nicht die Verzehnfachung unseres Einsatzes sein, etwas weniger tut es auch. Gewinne an der Börse sind etwas Wunderbares. Wir fühlen uns bestätigt, wie in einem Rausch. Hohe Gewinne machen sogar süchtig, wie Psychologen festgestellt haben. Der Gewinn an der Börse löst nämlich Reaktionen in unserem Gehirn aus, wie es auch Kokain tut. Börsianer auf Drogen.

Ganz anders sieht es aus, wenn wir Verluste einfahren. Die schmerzen richtig. Experten zufolge nehmen wir einen Verlust zweieinhalbmal so stark wahr wie einen Gewinn. Weil wir diese „Schmerzen“ natürlich ungern ertragen möchten, verdrängen wir Verluste nach einiger Zeit. Total verrückt, aber so ticken wir. Wir erzählen eben lieber von unseren Gewinnerpositionen. Dass wir auch ein paar Nieten im Depot haben, und die gibt es wirklich in jedem Depot, ignorieren wir nur allzu gerne. Auch langfristig. Ich erzähle auch lieber von meinen Gewinnen und wenn schon, dann lieber von den Nieten anderer als von meinen Rohrkrepierern. Ich kenne einen Anleger, der auch heute noch die Pleitekandidaten aus Zeiten des Neuen Marktes im Depot hat. Die Wachstumsbörse gibt es seit mehr als 15 Jahren nicht mehr, manche Unternehmen haben zwar überlebt und sind heute echte Dividendenstars, andere siechen immer noch an der Börse vor sich hin. So auch die Aktien meines Bekannten. Sie sind mehr als 90 Prozent im Minus, manche sogar 98 oder 99 Prozent. Verkaufen? Lohnt sich angeblich nicht. Kostenfrei ausbuchen lassen? Nein, vielleicht erholen sie sich ja doch noch. Man spricht einfach nicht mehr drüber und erträgt die Verluste stoisch. Bei Verlusten von mehr als 90 Prozent muss man auch ein sehr sonniges Gemüt haben, um an eine Erholung zu glauben.

Der Totalverlust als natürliches Ende der Spekulation

Wie kann es überhaupt so weit kommen? 90 Prozent Verlust und mehr, müsste man da nicht als intelligenter oder doch zumindest halbwegs zurechnungsfähiger Anleger auf dem Weg nach unten die Reißleine ziehen? Lautet doch eine alte Börsenweisheit: „Der Verlust ist die Notbremse der wilden Spekulation.“ Leider stimmt das nur teilweise. Natürlich ist der Totalverlust das natürliche Ende und damit irgendwie auch die Notbremse der Spekulation. Das ist ein bisschen wie im Spielkasino: Ist der Einsatz verspielt, endet der Abend am Roulettetisch oder am einarmigen Banditen. Ich bin zwar weit davon entfernt, die Börse mit einem Spielkasino zu vergleichen, aber in diesem Fall stimmt das Bild. Natürlich kann man auf Kredit weiter spekulieren – an der Börse wie im Kasino. Davor kann ich aber nur warnen. Denn wenn die Wette schiefgeht, ist nicht nur der Einsatz weg, sondern Sie sitzen auch noch auf Schulden. Das sollten Sie im Kasino vermeiden und auch an der Börse. Auf Pump zu spekulieren maximiert das Risiko massiv. Von Verlusten als Notbremse kann dann keine Rede mehr sein.

Grundsätzlich gilt an der Börse: Je höher das Risiko, desto größer ist auch die Verlustgefahr. Aber eben auch die Gewinnchance. Nicht umsonst heißt es, dass Chance und Risiko eng beieinander liegen, oder um es auf Börsendeutsch zu formulieren: sie korrelieren. Die meisten Deutschen sehen aber, wenn es um Aktien geht, nur das Risiko. Dass Aktien langfristig die besten Renditen abwerfen, wenn auch unter teils hohen Schwankungen, blenden sie komplett aus. Natürlich besteht die Gefahr von Kursverlusten. Die meisten machen die Aktienmärkte über kurz oder lang aber wieder wett. Zumindest wenn Sie breit investieren. Deshalb empfehle ich auch börsengehandelte Indexfonds (ETFs) oder aktiv gemanagte Fonds. Damit streuen Sie das Risiko über viele Einzelwerte. Gerät ein einzelnes Unternehmen in Schieflage oder geht sogar pleite, fällt dieser Verlust nicht so sehr ins Gewicht.

Beim Investment in Einzelaktien droht rein theoretisch jederzeit der Totalverlust, eine automatische Notbremse auf dem Weg nach unten gibt es nicht. Es sei denn, Sie setzen sie in Form eines Stop-Loss-Kurses. Dann wird die Aktie verkauft, wenn Sie einen von Ihnen gewählten Kurs unterschreitet. Setzen Sie diese nicht, können Sie theoretisch jederzeit von einem Totalverlust übel erwischt werden. Zwar sind die großen Pleiten börsennotierter Unternehmen viel seltener als gemeinhin angenommen, aber sie passieren. Ein solcher Totalausfall ist dann wohl definitiv das Ende der Spekulation. Aber nicht immer. Manche Investoren suchen nämlich geradezu nach solchen Wackelkandidaten oder Pleitefirmen. Sie setzen bewusst auf die Wende und gehen mitunter wilde Spekulationen ein. Geht Ihre Wette auf und schaffen die Unternehmen doch noch die Wende – Aktionäre sprechen vom Turnaround –, sind solche Aktien eine sehr lukrative Anlage. Aber eben auch sehr spekulativ und extrem schwankungsfreudig. Denn häufig sind solche Aktien „Penny-Stocks", ihr Wert liegt bei wenigen Cent, auf jeden Fall aber unter einem Euro beziehungsweise einem Dollar. Da fallen kleinste Kursveränderungen prozentual natürlich enorm ins Gewicht. Eine Aktie, deren Kurs von zwei auf drei Cent steigt, hat immerhin 50 Prozent zugenommen. Fällt sie um einen Cent, geht es gleich 50 Prozent abwärts.

Vom Pleitekandidaten zum Kultunternehmen

Das zeigt, wie riskant es ist, auf solche Penny-Stocks oder Pleitekandidaten zu setzen. Die Ausschläge sind enorm. Außerdem brauchen Sie oft einen langen Atem, bis ein solches Unternehmen wie Phönix aus der Asche wieder auftaucht. Mitunter sind es übrigens äußerst prominente Beispiele, die solch eine Story hingelegt haben – wie Apple. In den 1980ern war das Unternehmen, das Steve Jobs, Steve Wozniak und Ronald Wayne im April 1976 gegründet hatten, noch ziemlich erfolgreich. Der „Apple I" war immerhin der weltweit erste Personal Computer. Doch der Ruhm verblühte schnell. Mitte der 1990er-Jahre geriet der eigentlich sehr innovative Konzern in eine Krise. War das Macintosh-Betriebssystem in den 1980er-Jahren den Wettbewerbern deutlich voraus, jagte Microsoft mit seinem Windows

Apple viele Marktanteile ab. Das größte Problem war: Apples Betriebssystem galt als veraltet. Ein Desaster für einen Technologiekonzern. Das Unternehmen geriet in eine gefährliche Schieflage und stand schließlich kurz vor der Zahlungsunfähigkeit. Auch eine Übernahme durch Konkurrenten wie Oracle, Sun, IBM oder Hewlett-Packard war im Gespräch.

Doch so weit sollte es nicht kommen. Die Wende brachte 1996 der überraschende Kauf des IT-Konzerns Next für etwa 400 Millionen Dollar. Besitzer war kein geringer als Apple-Gründer Steve Jobs. Der war nämlich 1985 nach internen Querelen von Bord gegangen. Nun war auch sein Comeback perfekt. Mit der Übernahme von Next hielt bei Apple eine neue Unternehmenskultur Einzug. Bald wurde die komplette Führung ausgetauscht. Steve Jobs, der erst nur eine rein informelle Beraterfunktion innegehabt hatte, wurde Interims-CEO, übernahm die Position zweieinhalb Jahre später aber dauerhaft. Ein Glücksfall für Apple und seine leidgeprüften Aktionäre. Der Niedergang des Konzerns hatte natürlich üble Spuren in den Depots seiner Anteilseigner hinterlassen. Doch nun wurde der Turnaround eingeleitet. Jobs beendete die Lizenzierung des Betriebssystems an andere Hersteller, strich viele laufende Forschungs- und Entwicklungsprojekte und stellte mehrere Produktlinien ein. Die neue Strategie sah nur noch vier Produkte vor: für Heimanwender das iBook und den iMac, und für professionelle Anwender die leistungsstärkeren Modelle PowerBook und PowerMac.

Zur Rettung trug auch ein Abkommen mit dem Erzrivalen Microsoft im Jahr 1997 bei. Microsoft investierte 150 Millionen Dollar in stimmrechtslose Apple-Aktien. Beide Firmen vereinbarten eine gegenseitige Lizenzierung ihrer Patente und eine enge Zusammenarbeit bei der Java-Entwicklung. Außerdem machte Apple den Internet Explorer zum neuen Standard-Webbrowser des Macintosh-Betriebssystems und Microsoft verpflichtete sich, fünf Jahre lang für den Macintosh ebenso viele neue Versionen von Microsoft Office zu veröffentlichen wie für Windows. Ein fehlendes Microsoft Office auf dem Macintosh wurde damals als große Gefahr für Apple angesehen.

Im Jahr 1998 schrieb Apple wieder schwarze Zahlen, die Wende war geschafft. Das Unternehmen stieg in den folgenden Jahren auf wie ein Heißluftballon am Abendhimmel. Im Oktober 1999 erschien das Programm iMovie, mit dem Nutzer ihren digitalen Camcorder – zu dieser Zeit gerade das „Must-have" – an den Mac anschließen und aus den Aufnahmen Filme produzieren konnten. In den Folgejahren stellte Apple mit iTunes und iPhoto Programme zur Musik- und Fotoverwaltung vor. Im Oktober 2001 kam ein wahrer Verkaufsschlager auf dem Markt: der MP3-Player iPod, der zunächst nur für Macs verfügbar war. In den nächsten Jahren führte Apple den iTunes Music Store ein. Nachdem dieser – ebenso wie der iPod – auch auf Windows-Computern funktionierte, etablierten beide sich als Marktführer. Im Januar 2007 stellte Apple das iPhone vor. Steve Jobs erklärte, dass Apple zusätzlich zum iPod nun zwei weitere Produktkategorien abseits des traditionellen Computergeschäfts habe. Mit der Vorstellung des Tablet-Computers iPad im Januar 2010 erweiterte Apple seine Produktlinie erneut. Der Rest ist bekannt: Es ist die Geschichte eines beispiellosen Erfolgs.

Aus dem einst krisengeplagten Konzern ist ein Kult-Unternehmen geworden. Die Produkte mit dem „ i" im Namen sind angesagt. Ob nun iPhone, iPad oder iWatch – die Nachfrage ist enorm. Wer früh erkannt hat, dass die Strategie des mittlerweile verstorbenen Apple-Chefs Steve Jobs aufgeht, hat satte Gewinne eingefahren. Um die Jahrtausendwende war der Kurs im Keller, niemand zählte mehr auf den Konzern. Mittlerweile notiert die Aktie auf einem neuen Allzeithoch. Selbst nach dem zwischenzeitlichen, recht heftigen

Rücksetzer ist klar: Wer vor Jahren einstieg, hatte den richtigen Riecher. Apple hat den Turnaround definitiv geschafft. Wer als Anleger die schlechten Zeiten ausgesessen hat, wurde mit exorbitanten Kursgewinnen belohnt. Hier wäre der Verlust als „Notbremse" die falsche Strategie gewesen. Einen langen Atem hätten Sie als Anleger aber auf jeden Fall gebraucht. Die Rücksetzer waren wirklich heftig, die Verlustzeiten lang.

Rücksetzer können auch eine Chance sein

Apropos Rücksetzer: Langfristig können sie sogar eine Chance für uns sein. Bei Apple war das in den vergangenen Jahren sicher so. Wer nach solchen Korrekturen einstieg, machte gute Gewinne. Mitunter lohnt es sich, schwache Tage auch für Nachkäufe zu nutzen und so eventuell sogar den durchschnittlichen Kaufpreis zu verringern. Im Mai 2017 knackte Apple erstmals die Marktkapitalisierung von 800 Milliarden Dollar – eine astronomische Summe. So wertvoll war bis dato noch kein börsennotiertes Unternehmen. Aber Vorsicht! Nachkaufen und verbilligen, das kann auch schiefgehen und Sie machen Bekanntschaft mit einer anderen Börsenweisheit: Greife nie in ein fallendes Messer. Wer in der Küche in ein solches greift, tut sich weh. Das kann auch an der Börse passieren. Wir wissen nicht, wie weit eine Aktie, deren Kurs ins Rutschen geraten ist, fallen wird. Am besten wäre es natürlich, erst dann zuzugreifen, wenn sie am Boden liegt und wir sie – um im Bild zu bleiben – am Griff nehmen können. Zu erkennen, wann das Tief erreicht ist, ist nicht so einfach. Da helfen nur Analyse – warum ist der Kurse abgestürzt, wie sehen die Zukunftsaussichten aus? –, ein guter Riecher und eine gehörige Portion Mut. Aber werden Sie nicht übermütig. Bedenken Sie: Eine Aktie, die um 50 Prozent fällt, muss 100 Prozent steigen, sich also im Kurs verdoppeln, damit der Verlust wettgemacht ist. Sie kann aber eben noch weiter fallen. Dann ist es fatal, weiter nachzukaufen und immer wieder ins fallende Messer zu greifen. Es wird immer teurer und teurer und teurer für Sie. Wann und vor allem ob sich eine Aktie von solchen Abstürzen erholt, weiß niemand. Nicht jeder Pleitekandidat ist eine Apple.

Der Verlust ist eben nicht immer die Notbremse. Mitunter verleitet er uns zu wilder Spekulation, weil wir versuchen, mit aller Macht das Ruder herumzureißen. Aber man kann sich eben nicht komplett gegen den Markt stellen. Auch Profis erfahren das mitunter schmerzhaft. Anstatt bei immer größeren Verlusten die Notbremse zu ziehen, versuchen sie mit immer waghalsigeren Manövern, zu retten, was eigentlich nicht mehr zu retten ist. Zwei prominente Bespiele sind Nick Leeson und Jérôme Kerviel.

Der Brite Nick Leeson ruinierte mit seinen Zockereien an den Terminmärkten die honorige Barings Bank und brachte sogar das Britische Pfund ins Wanken. Damals, im Jahr 1995, war Leeson gerade mal 27 Jahre alt und ein aufstrebender Derivatehändler in Singapur. Seine Aufgabe war es, Preisdifferenzen – im Börsendeutsch Arbitrage-Möglichkeiten – zwischen den Kursen des Nikkei 225 an den Börsen von Singapur und Osaka auszunutzen. Das sind meist nur kleine Differenzen, aber Kleinvieh macht ja bekanntlich auch Mist, vor allem viel Kleinvieh. Doch Leeson nutzte die Derivate nicht, um leichte Kursunterschiede abzugreifen, sondern setzte die Instrumente immer stärker zur Spekulation ein. Diese Geschäfte liefen aber immer öfter gegen ihn. Der Verlust als Notbremse? Fehlanzeige. Stattdessen vertuschte der Brite seine Verluste und ging immer höhere Risiken ein, in dem Glauben, die Verluste irgendwann auszugleichen. Leeson soll damals ein Konto mit der Nummer 88888 benutzt haben, um seine Miesen zu verstecken. Die Acht gilt im asiatischen Raum als Glückszahl. Ihm brachte sie weniger Glück.

Verluste begrenzen? Notbremse ziehen? Fehlanzeige. Leeson glaubte bis zuletzt, er habe alles unter Kontrolle. Das Gegenteil war der Fall: Der Brite verspekulierte mehr als 825 Millionen Pfund Sterling. Die Barings Bank, immerhin die älteste Investmentbank Großbritanniens, brach zusammen, Leeson wanderte für vier Jahre in ein Gefängnis in Singapur.

Nick Leeson ist kein Einzelfall. Vor einigen Jahren verspielte Jérôme Kerviel bei der französischen Großbank Société Générale fast fünf Milliarden Euro. Er gilt als bis dato größter Zocker der Geschichte. Der frühere Aktienhändler spekulierte mit deutschen Aktien und Derivaten. Er war keiner der Superstars, die Millionen kassierten. Sein Basisgehalt soll bei 75.000 Euro gelegen haben. Plus Bonus. Und genau da lag wohl das Problem. Jahr für Jahr hoben seine Vorgesetzten die Ziele und die erfolgsabhängige Sonderzahlung an. Also ging Kerviel immer höhere Risiken ein. Er habe für seinen Job gelebt, habe sich für unverwundbar gehalten, erzählte er später in Interviews. Es sei wie ein Spiel gewesen. Ein fatales Spiel.

Die Einsätze wurden immer höher und höher. Extrem hoch irgendwann. 2007 setzte er 30 Milliarden Euro, das entsprach in etwa dem Eigenkapital der Bank. Mit Scheingeschäften verdeckte er die Risiken, die er nie hätte eingehen dürfen. Es ging gut, er gewann 1,4 Milliarden Euro, die er mit ein paar Buchungstricks vertuschte. Denn derart hohe Gewinne hätten unangenehme Fragen aufgeworfen, schließlich spekulierte Kerviel mit unerlaubt hohem Einsatz. Doch irgendwann verließ ihn das Glück. Der Verlust als Notbremse? Auch hier Fehlanzeige. Kerviel stemmte sich gegen seine Pechsträhne. Er musste mit immer größeren Summen agieren, um seine Verluste auszugleichen. Das ging aber ordentlich schief. Am Ende standen unglaubliche 50 Milliarden auf dem Spiel. Im Januar 2008 flog er schließlich auf. Das Ganze kostete ihn nicht nur seinen Job. Kerviel wurde wegen Untreue und Dokumentenfälschung zu drei Jahren Gefängnis verurteilt.

Pure Gier treibt in extreme Risiken

Diese beiden Beispiele zeigen, dass die Börsenweisheit nicht funktioniert. Der Verlust ist keine Notbremse. Wir können auf Pump weiter spekulieren, wir können immer höhere Risiken eingehen, in der Hoffnung, unsere Miesen auszugleichen. Das kann natürlich gut gehen, meistens geht es aber schief. Der Totalverlust, die Pleite, mag für viele das Ende der Spekulation sein. Andere machen einfach weiter. Es ist die pure Gier, die uns oft ins extreme Risiko treibt. Manchmal auch Verzweiflung.

Gefährlich ist es, wenn wir mit fremdem oder geliehenem Geld spekulieren. Dann kann der Verlust schnell höher als der Einsatz sein. Das kann übrigens auch passieren, wenn Sie gehebelte Produkte einsetzen – die potenzieren Verlust und Risiko mit Faktor x, je nachdem, welchen Hebel Sie gewählt haben. Lassen Sie lieber die Finger von solchen Produkten. Das ist Zockerei und hat mit cleverer Geldanlage wenig zu tun. Und die Notbremse funktioniert bei solchen Investments erst recht nicht.

Natürlich gibt es Automatismen, die Sie als Notbremse einsetzen können. Dazu gehört der Stop-Loss-Kurs. Oder Sie wählen entsprechende Zertifikate und Optionsscheine, mit denen Sie sich gegen Verluste versichern können. Doch das ist kompliziert. Besser ist es, wenn Sie sich klare Regeln setzen, wie und wann Sie agieren, wenn ein Investment nicht aufgeht, weil Sie völlig falschliegen. Wie viel Verlust sind Sie bereit, maximal zu ertragen? Wie langfristig ist Ihr Investment? Kaufen Sie bei Rücksetzern vielleicht nach? Bis zu welchem Preis? Wann ist der Verlust die Notbremse Ihrer Spekulation? Darüber sollten Sie sich Gedanken machen und es bloß nicht zum

Totalverlust kommen lassen. Diese Börsenweisheit mag nur teilweise stimmen, aber sie sollte auf jeden Fall eine Warnung sein.

9

Der einzige **Investor,**
der nicht diversifizieren sollte,
ist derjenige, der immer zu
100 Prozent
richtigliegt.

Stellen Sie sich vor, es würde sie doch geben: die so oft herbeigesehnte Glaskugel. Jahr für Jahr würden Sie hineinschauen und die besten Aktien für die kommenden zwölf Monate sehen. Auf die würden Sie dann setzen und dicke Gewinne einfahren. Jahr für Jahr. Die drei Gewinner im US-amerikanischen Index Dow Jones waren im Jahr 2016 die Aktien der Investmentbank Goldman Sachs und des weltgrößten Herstellers von Baumaschinen Caterpillar sowie mit etwas Abstand die Aktien des Versicherungskonzerns UnitedHealth Group. Goldman- und Caterpillar-Aktionäre fuhren gut 40 Prozent ein, die Anteilseigner von UnitedHealth freuten sich über 37 Prozent Kursgewinn. Nicht schlecht, oder? Da wäre man doch nur zu gerne dabei gewesen. Zum Vergleich: Der Dow Jones legte nur gut 13 Prozent zu. Mit den drei Gewinnern hätten Sie also deutlich besser dagestanden.

Zugegeben, nur drei Werte im Depot zu haben, das wäre nicht nur sehr übersichtlich, sondern vor allem ganz schön riskant. Denn die ersehnte Glaskugel gibt es nicht, Prognosemodelle mit 100-prozentiger Treffsicherheit auch nicht, und die Gewinner des aktuellen Jahres müssen nicht zwangsläufig die Gewinner der kommenden Monate sein. Die Favoriten der Investoren wechseln. Wirtschaftliche Vorzeichen verändern sich. Denken Sie nur an den Atomausstieg der Bundesregierung nach der Dreifach-Katastrophe in Japan. Am 11. März 2011 erschütterte ein verheerendes Beben Japan. Danach überrollten Tsunami-Wellen Teile des Landes. Tausende Menschen starben. Durch die Schäden fielen im Atomkraftwerk Fukushima die Kühlsysteme aus, es kam zur Reaktorkatastrophe. Für die damalige deutsche Bundesregierung war das der Anlass, quasi über Nacht den Atomausstieg zu beschließen. Galten Versorgeraktien wie E.on und RWE nicht zuletzt aufgrund ihrer hohen Dividendenrenditen und ihres sicheren Geschäftsmodells viele Jahre als sichere Anlage, änderte sich das quasi über Nacht. Das Geschäftsmodell erodierte, die Dividenden schnurrten zusammen und Anleger schauten in die Röhre. Oder Bankaktien: Auch das Geschäftsmodell der Banken schien mehr oder weniger unangreifbar, die Dividenden sprudelten. Dann brach die Finanzkrise aus, mit den bekannten Folgen.

Das sind natürlich Einzelbeispiele. Aber so kann es eben kommen. Wenn Sie nur einige wenige Aktien im Depot haben, dann trifft Sie ein solches Drama extrem. Das Risiko ist sehr hoch. Verteilen Sie Ihr Geld zu gleichen Teilen nur auf drei Aktien, stehen 33 Prozent Ihres investierten Vermögens im Feuer, wenn Sie nur mit einer Aktie falschliegen. Nicht umsonst sagte der legendäre John Templeton einst: „Der einzige Investor, der nicht diversifizieren sollte, ist derjenige, der immer zu 100 Prozent richtigliegt." Nun überrascht diese Aussage aus seinem Mund natürlich nicht, schließlich hat er den Aktienfonds erfunden. Doch das mindert nicht die Gültigkeit seiner Aussage. Im Gegenteil. Dieser Spruch ist nicht nur eine Börsenweisheit, sondern ein zeitloser Grundsatz gewinnbringender Geldanlage.

Risikostreuung ist das A und O der Geldanlage

Risikostreuung oder auch Diversifikation ist das A und O der Geldanlage. Oder um eine andere Börsenweisheit zu zitieren: „Lege nicht alle Eier in einen Korb." Schließlich wären alle Eier kaputt, würde der Korb herunterfallen. Sicherer ist es, die Eier auf mehrere Körbe zu verteilen. Es werden schon nicht alle gleichzeitig auf dem Boden landen. Ähnlich läuft es mit der Geldanlage: Wer sein Vermögen nur in wenige Einzeltitel investiert, geht ein enormes Risiko ein. Nur auf Aktien zu setzen – egal wie viele – ist auch keine gute Idee. Auch wenn ich überzeugte Aktionärin bin und eine relativ hohe Aktienquote in meinem Depot habe, würde ich das niemals tun. Wenn Sie nur in eine Anlageklasse – also einen Korb – wie etwa Aktien investieren, ist das immer noch ziemlich riskant. Schließlich ist die Entwicklung des Portfolios dann auch nur von dieser einen Assetklasse abhängig. Stürzen die Aktienbörsen weltweit ab, rauscht auch der Depotwert in die Tiefe.

Wer breiter investiert, also sein Geld auf Aktien, Anleihen, Rohstoffe und Immobilien verteilt, kann den Absturz einzelner Anlageklassen besser abfedern. Denn der einzelne Korb hat weniger Gewicht. Es ist weniger drin, was kaputtgehen kann. Welcher Korb runterfällt und ob dann auch alle Eier kaputtgehen, können Anleger nicht 100-prozentig wissen. Es kann immer unschöne Überraschungen geben, denken Sie nur an den VW-Skandal. Auch Crashs kündigen sich in der Regel nicht an. Sie kommen überraschend und heftig. Niemand weiß, wann es welche Anlageklasse treffen wird. Risiken an den Märkten sind weder kontrollierbar noch vorhersehbar. Deshalb sollten Anleger niemals alles auf eine Karte setzen. Diversifikation eliminiert einen Großteil der Risiken, das wusste auch John Templeton. Seine Erfindung, der Fonds, hilft Anlegern, ihr Investmentrisiko in einzelnen Anlageklassen zu minimieren, weil sie es über viele verschiedene Werte verteilen. Nieten fallen dann nicht mehr so stark ins Gewicht. Mit Mischfonds können Sie sogar gleich über mehrere Anlageklassen streuen.

Die Risikostreuung gilt als goldene Regel der Kapitalanlage. Sie ist sogar preisgekrönt. Der Amerikaner Harry Markowitz bekam für seine moderne Portfoliotheorie im Jahr 1990 den Nobelpreis für Wirtschaftswissenschaften. Seine Theorie ist aber viel älter. Bereits in den 1950er-Jahren erforschte Markowitz das Verhältnis von Risiko und Rendite. Dabei wies der 1927 geborene Wirtschaftswissenschaftler nach, dass eine breite Streuung auf mehrere Anlageklassen – also Aktien, Anleihen, Gold oder Immobilien – die Absturzgefahr im Depot senkt. Mit seinen Forschungserkenntnissen wurde der

Amerikaner zu einer Art Kultfigur der Investoren. Jahrzehntelang setzten Anleger weltweit seine Prinzipien um, ein halbes Jahrhundert lang galten sie sogar als sakrosankt. Dann brach die Finanzkrise aus und alle Anlageklassen stürzten gleichzeitig ab. Auch wenn die Theorie heute nicht mehr ganz unumstritten ist, hat sie doch noch immer sehr viele Anhänger.

Die goldene Regel der Kapitalanlage

Auch Wissenschaftler halten Markowitz die Treue. Bei aller Kritik fehlt nämlich bisher die Alternative. Eine neue „goldene Regel der Kapitalanlage", die das Modell von Harry Markowitz ablösen könnte, ist nicht in Sicht. Grundsätzlich lassen sich die Vorzüge einer breiten Risikostreuung auch nicht bestreiten. Vielleicht werden wir also künftig eine Modifizierung dieser Portfoliotheorie erleben, Wissenschaftler arbeiten bereits mit Hochdruck daran. Risikomanagement ist das Stichwort, also das Vermeiden größerer, wenn auch nur zwischenzeitlicher Verluste. Ein Patentrezept hat bisher aber keiner der Gelehrten geliefert.

Ich kann Markowitz' Theorie einiges abgewinnen, auch wenn sie ihre Schwächen hat. Der Grundgedanke: Jede Anlageklasse reagiert unterschiedlich auf Entwicklungen an den Finanzmärkten. Vereinfacht gesagt steigt bei regnerischem Wetter der Absatz von Regenschirmen, während Sonnenbrillen nicht gefragt sind. Bei strahlendem Sonnenschein ist es genau umgekehrt. Übertragen auf die Börse heißt das: Wenn eine Anlageform ins Trudeln gerät, ist eine andere gar nicht betroffen oder entwickelt sich vielleicht sogar positiv. Dieser Zusammenhang wird beim Vergleich der Aktien- und der Rentenmärkte besonders deutlich. Wenn der Aktienmarkt abstürzt, suchen die Anleger Sicherheit und schichten in der Regel in Anleihen um – und umgekehrt.

Nun könnte man natürlich immer auf die gerade besser laufende Anlageklasse setzen, aber das ist zu kurz gedacht. Und kann – denken Sie bitte an Templetons Warnung – ganz schön gefährlich werden. Denn wir haben nun mal keine Glaskugel, wir kennen weder die großen Gewinner noch die großen Verlierer der nächsten Zeit. Auch wissen wir nicht, ob die Hausse weitergeht oder uns eine Baisse droht. Steigen die Kurse weiter oder fallen sie massiv? Es mag Anzeichen geben, Konjunkturdaten oder Unternehmenszahlen. Aber leider kündigt sich ein Crash nie an. Deshalb gilt es, das Depot wetterfest zu machen, sich vor derUnberechenbarkeit der Märkte zu schützen. Genau da setzte Markowitz mit seinen Forschungen an. Seine Erkenntnis: „Ein gutes Portfolio ist mehr als eine lange Liste von Wertpapieren." Diese Aussage gilt als Kernsatz seiner „Portfolio Selection". Markowitz rät Ihnen, Wertpapiere zu kombinieren, deren Kursentwicklungen kaum voneinander abhängen. So können Sie Ihr Verlustrisiko begrenzen und zugleich Ihre Chance auf Erträge erhöhen. Frei nach Markowitz lässt sich beispielsweise in einem Aktienportfolio das Risiko durch Beimischung von Anleihen senken. Seine berühmte Arbeit veröffentlichte er übrigens schon im März 1952 im *Journal of Finance*, da war er gerade mal 24 Jahre alt.

Aber wie funktioniert das in der Praxis? Leider nicht ganz so einfach. Wahllos in verschiedene Anlageklassen zu investieren führt leider nicht zum Anlageerfolg. Natürlich ist die Theorie des Nobelpreisträgers komplizierter. Die optimale Zusammenstellung eines Depots nach Harry Markowitz berücksichtigt Risiken und Erträge aus der Vergangenheit. Dann errechnet er verschiedene Kombinationen von Ertrag und Risiko bei unterschiedlichen Mischungen der Wertpapiere und Indizes. So weit, so gut – und auf dem Papier durchaus überzeugend. In der Praxis hat das Ganze aber einen Haken: Markowitz nimmt nämlich an, dass die Abhängigkeiten der einzelnen Anlageklassen an den Märkten stabil sind – also beispielsweise Aktien immer fallen, wenn Anleihekurse steigen, und umgekehrt. Doch so einfach wie mit der relativ vorhersagbaren Nachfrage nach getönten Brillen bei Sonnenschein und Regenschirmen bei schlechtem Wetter ist es an der Börse leider nicht. Dort ändern sich die Korrelationen zwischen Anlageklassen und einzelnen Wertpapieren ständig. Es bleibt uns leider nur eine Annäherung an den Idealzustand – totale Sicherheit, das absolut perfekte, wetterfeste Depot gibt es leider nicht.

Die Welt im Depot

Experten empfehlen, möglichst breit anzulegen. Die Idee dahinter: Wenn Sie einfach alles im Depot haben, also weltweit aufgestellt sind, dann sind Sie auch dabei, wenn irgendwo auf der Welt die Notierungen steigen. Es gilt also, eine Art Weltdepot zu bauen, möglichst an allen Märkten und Regionen dabei zu sein. Dabei verteilen Sie ihr Kapital erst auf verschiedene Anlagearten, dann auf Regionen. In ein solches diversifiziertes Depot gehören nach Ansicht von Anlageexperten nicht nur Aktien und Anleihen, sondern auch Immobilien und Rohstoffe. Natürlich darf auch die Liquidität nicht fehlen.

Das Ziel der Diversifizierung erreicht, wer wenig voneinander abhängige Anlageklassen – Experten sprechen von geringer Korrelation – mischt und damit unterschiedliche Risiken zu verringern versucht. Mit Aktien, Immobilien und Rohstoffen setzen Sie auf Sachwerte und schützen sich vor Inflation. Mit Alternativen zur Aktie dämmen Sie das Risiko von Kursverlusten ein. Mit Anleihen von verschiedenen Schuldnern und mit verschiedenen Laufzeiten minimieren Sie Risiken der Zinsänderung und des Ausfalls einzelner Wertpapiere. Auch Währungsschwankungen können den Depotwert empfindlich schwanken lassen. Dagegen können Sie sich aber natürlich absichern. Berücksichtigen müssen Sie auch, dass es innerhalb einer Anlageklasse eine relativ starke Korrelation gibt. Zwingend muss das aber nicht so sein. Bei steigenden Zinsen geraten konjunktursensible Aktien beispielsweise häufig unter Druck, während Finanzwerte eher zulegen dürften.

Die Eier auf verschiedene Körbe zu verteilen kann sogar ein richtiger Renditeturbo für Ihr Depot sein. Wenn Sie nämlich auf viele Körbe setzen, können Sie auch auf einen sehr chancen-, aber eben gleichzeitig auch risikoreichen setzen, ohne gleich das ganze Portfolio zu gefährden. Das kann Ihnen richtig gute Gewinne bescheren. Bekanntlich sind die riskantesten Anlagen oft auch die renditestärksten. Denken Sie nur an die aufstrebenden Schwellenländer, auch Emerging Markets genannt. Hier konnten Anleger in der Vergangenheit große Gewinne einfahren, aber es gab auch immer wieder heftige Rückschläge. Trotzdem hat sich ein Engagement in diese Regionen langfristig ausgezahlt. Die Wachstumsaussichten vieler aufstrebender Schwellenländer sind gut, die Unternehmen sind mitunter prima aufgestellt, ihre Aktien könnten sich früher oder später zu absoluten Renditebringern entwickeln.

Aber garantiert ist das natürlich nicht. Gerade wenn Sie besonders risikoreiche Investments eingehen, sollten Sie deshalb an Templetons Aussage denken. Sie werden niemals zu 100 Prozent richtigliegen. Manche Werte bringen Ihnen exorbitant viel Geld ein, mit anderen verbrennen Sie viel Geld. Dieses Verlustrisiko gilt es zu minimieren – durch gutes Verteilen. Wer das Geld auf viele verschiedene Aktien aufteilt, der wird mit einigen hohe Gewinne einfahren und mit anderen hohe Verluste. Das Geld insgesamt wird aber wahrscheinlich einen relativ guten Gewinn abwerfen. Die Gefahr, viel Geld zu verbrennen, wird durch die Risikostreuung geringer.

Nicht wahllos, sondern gut verteilen

Anleger tun sich mit der Risikostreuung aber oft schwer. Was gehört ins Depot, wie viel von welcher Anlageklasse, aus welcher Region? Es kommt natürlich nicht darauf an, das Geld wahllos zu verteilen, sondern es gut zu verteilen. Doch das ist gar nicht so einfach, könnten Sie jetzt meinen. Aber keine Angst: Wir sprechen hier nicht von Raketenwissenschaft, auch wenn die Nobelpreis-Formel à la Markowitz recht kompliziert ist. Es geht auch anders. Die Forschung hat nämlich gezeigt, dass einfache Regeln genauso gut sein können. Der Mannheimer Finanzforscher Martin Weber hat beispielsweise herausgefunden: Es bringt nichts, zu viel zu rechnen. Es reicht aus, das Geld einfach gleichmäßig auf verschiedene Geldanlagen aufzuteilen. Ein Topf für Aktien aus Europa, einer für Aktien aus Asien, große und kleine Länder sollten dabei sein, junge und alte Firmen, dann kommt ein Topf für Bundesanleihen hinzu, einer für Immobilien und so weiter.

Doch auch bei dieser „Light-Version" von Markowitz ist es Voraussetzung, dass die einzelnen Klassen sich in ihrer Entwicklung kaum oder gar nicht beeinflussen. Genau daran ist die Markowitz-Theorie in der Finanzkrise aber gescheitert. Gut 20 Jahre nachdem der Amerikaner für seine moderne Portfoliotheorie den Nobelpreis erhalten hatte, zweifelten Investoren an der Richtigkeit seiner Theorie – und sie tun es noch heute. Denn während der Finanzkrise verbuchten auch nach Markowitz optimierte Depots herbe Verluste. Der erhoffte Schutz blieb aus.

Fast alle Anlageklassen verbuchten starke Verluste. Aktien und Anleihen stürzten mehr oder weniger gleichzeitig ab. Viele Investoren benötigten in dieser Phase Liquidität und schmissen alles auf den Markt, was sich verkaufen ließ. Dadurch stürzten fast alle Papiere und alle Anlageklassen massiv ab. In solch turbulenten Zeiten sind nur noch vermeintlich sichere Häfen wie beispielsweise Gold oder

Bundesanleihen gefragt, alles andere fällt. Allein im Jahr 2008 wurde an den weltweiten Kapitalmärkten ein Vermögen von 16 Billionen Dollar vernichtet. Auch in meinem Portfolio schmolzen die Gewinne dahin und ich musste zusehen, wie sich mein Depotwert von Tag zu Tag verringerte. Dabei hatte ich doch frei nach Markowitz eigentlich alles richtig gemacht.

Der Crash 2008 erschütterte die Basis seiner Theorie: Markowitz dachte nämlich, dass kleine Zuwächse und Verluste sehr häufig, große Kursausschläge dagegen sehr selten vorkommen. In Wirklichkeit treffen extreme Bewegungen die Anleger aber weit häufiger, als es nach der Theorie zu erwarten wäre. Und noch eine weitere Annahme von Harry Markowitz wurde in der Praxis ausgehebelt: Die Korrelationen waren im Crash alles andere als stabil. Riskante Aktien, sichere Renten? Das war einmal.

Die Spielregeln an den Märkten haben sich verändert

Die Risikoeinschätzung hat sich verändert. An den Rentenmärkten müssen Anleihen, die vor Ausbruch der Finanz- und Schuldenkrise als sicher galten, mit anderen Augen betrachtet werden. Spätestens seit Beginn der Griechenland-Krise stehen wir nun auch bei Staatsanleihen einer neuen Risikoquelle gegenüber. Das Emittentenrisiko galt bei europäischen Staatsanleihen vorher als höchstens theoretisch interessant, aber nicht als praktisch relevant. Die Schuldenkrise in Europa verdeutlicht, dass auch Anleihen staatlicher Emittenten nicht vor Zahlungsausfällen oder zumindest einem Schuldenschnitt, bei dem Investoren auf einen Teil ihres angelegten Geldes verzichten müssen, geschützt sind.

Der Kampf gegen die Schuldenkrise hat die Spielregeln an den Märkten verändert. In Zeiten, in denen Regierungen und Notenbanken massiv in das Marktgeschehen eingreifen, gerät die Markowitz'sche Theorie an ihre Grenzen. Der Nobelpreisträger geht davon aus, dass die Kapitalmärkte effizient sind. Wenn aber die Notenbanken die Märkte mit billigem Geld fluten, kann davon keine Rede mehr sein. Markowitz funktioniert also nur dann, wenn es keine großen Einschläge an den Märkten gibt. Doch die werden eben leider immer häufiger. Vor der Lehman-Pleite samt Finanzkrise platzte Anfang des Jahrtausends die Internetblase. Dann tobte die Schuldenkrise, gelöst ist sie bis heute nicht. Solche Katastrophen für das Finanzsystem hebeln die Markowitz-Regel aus.

Nun ist eine hitzige Diskussion entbrannt: Ist die goldene Regel der Kapitalanlage, nicht alle Eier in einen Korb zu legen, überholt? Es ist unbestritten: Als es krachte, bewahrte auch die Streuung nach Markowitz Anleger nicht vor heftigen Verlusten. Für die Anhänger der modernen Portfoliotheorie ist das jedoch kein Problem. Sie argumentieren, dass nach der Lehman-Pleite letztendlich jede Anlagestrategie versagt habe, nicht bloß die der Risikosteuerung nach mathematischen Kriterien.

Mittel- bis langfristig orientierten Anlegern bleibt tatsächlich nichts anderes übrig, als sich weiter auf Markowitz zu verlassen und ihre Investments breit zu streuen. Aber Vorsicht: Mit der Risikostreuung kann man es auch übertreiben. Wer zu viele Einzeltitel hält, verliert irgendwann den Überblick. Streuung ist kein Selbstzweck. Denn viele schlechte Investments ohne Analyse und Strategie können auch keine guten Resultate herbeiführen. Streuung ist zwar der Königsweg, um das Risiko zu minimieren, aber es geht bei der Kapitalanlage nur in zweiter Linie um Risikovermeidung. Wichtiger ist die Gesamtstrategie. Und die sollte eben kein wildes Sammelsurium aus möglichst vielen Anlageklassen und Einzeltiteln sein.

Die beste Versicherung an der Börse

Privatanleger neigen aber eher dazu, auf Diversifikation zu verzichten. Sie bevorzugen es übersichtlich und einfach. Diese Vereinfachung kann jedoch sehr teuer werden. Diversifikation ist die beste Versicherung an der Börse. Denn wer nicht streut, macht unweigerlich mit der Börsenweisheit Templetons Bekanntschaft und wird Geld verlieren. Viele Anleger haben diese Erfahrung bereits gemacht. Der Aktienverdruss vieler Deutscher lässt sich auf die Missachtung dieses Grundsatzes zurückführen. Wer während des Dotcom-Crashs kein diversifiziertes Portfolio besaß, musste dies auf die schmerzhafte Tour lernen. Viele haben auf die Misserfolge am Aktienmarkt mit Abstinenz reagiert, was die geringe Aktionärsquote in Deutschland eindrucksvoll bestätigt. Doch Abstinenz ist nicht lukrativ und Anleger, die nicht am Aktienmarkt teilnehmen, profitieren nicht vom Aufschwung der Wirtschaft. Stattdessen sollten Anleger dazulernen und die goldene Regel der Kapitalanlage verinnerlichen: Diversifikation. Denn das Siegerdepot mit den drei Topwerten des Jahres nennen wohl die wenigstens Anleger ihr eigen – so verlockend es auch wäre.

Halten wir also fest: Es ist wichtig, dass wir unsere Investments streuen – über mehrere Anlageklassen, Regionen und vor allem Risikoklassen. Denn nur wer bei seinen Investments immer 100-prozentig richtigliegt, muss nicht diversifizieren. Und diesen Anleger gibt es einfach nicht.

10

Hin und Her macht Taschen leer.

André Kostolany riet Anlegern einst: „Kaufen Sie ein Portfolio solider, internationaler Aktien, nehmen Sie Schlaftabletten und schauen Sie die Papiere nicht mehr an. Nach einigen Jahren werden Sie eine angenehme Überraschung erleben.“ Dahinter steckt die Überzeugung des großen Börsenmeisters, dass es wenig zielführend ist, ständig die Favoriten zu wechseln, hektisch die Depotbausteine hin und her zu schichten, immer auf der Suche nach dem nächsten Gewinnerpapier. Nur wer an der Börse langfristig agiert und dabei seiner Strategie treu bleibt, wird ein erfolgreicher Investor. Von Kostolanys Schlaftabletten wollen viele Anleger aber einfach nichts hören. Auf der Jagd nach der maximalen Rendite schichten sie ihre Depots immer wieder um. Ihre Strategie ist quasi der Gegenentwurf zu „Buy and Hold“. Sie versuchen, immer auf diejenigen Anlageklassen zu setzen, die gerade besonders gut laufen. Was nur eine magere Rendite bringt, fliegt erbarmungslos aus dem Depot. Sie trauen sich zu, zu erkennen, wenn ein Trend dreht. Dann schichten sie um – in der Hoffnung auf hohe Kursgewinne mit dem neuen Investment. Sie sind wie Wettspieler auf der Pferderennbahn, die immer den Gaul wechseln. Wie Weinliebhaber, die ständig auf der Suche nach einer neuen Rebsorte sind.

Schön, wenn diese Strategie aufgeht. Das geschieht aber leider nur in den wenigsten Fällen. Was sie aber tut: Sie kostet Geld. Bei jeder Order fallen Gebühren – und gegebenenfalls Steuern – an. Das nagt an der Rendite und kann sie bei allzu häufigem Hin und Her sogar völlig aufzehren. Vielen Anlegern ist das aber gar nicht bewusst. Wissen Sie ganz genau, was Ihre letzte Order gekostet hat? Falls Ihre Antwort Nein lautet, sind Sie damit nicht allein. Der Normal- oder Kleinanleger kennt oft nicht einmal alle anfallenden Kosten, die beim Hin- und Herschaufeln der Wertpapiere anfallen, geschweige denn ihre genaue Höhe. Verbraucherschützer warnen deshalb immer wieder, dass bei der Wertpapierorder meistens erst einmal Banken und Vermittler auf ihre Kosten kommen.

Aktivität korreliert an der Börse nicht mit Erfolg

Kein Wunder, dass Experten vor häufigem Umschichten des Depots warnen. Kaum eine Börsenweisheit ist so unumstritten wie diese: Hin und Her macht Taschen leer. Die einfache Regel warnt vor ständigem Kaufen und Verkaufen sowie den damit verbundenen Kosten. Auch Starinvestor Warren Buffett kann der Hyperaktivität vieler Anleger wenig abgewinnen. „Aktivität korreliert an der Börse nicht mit Erfolg", warnt er. Buffett muss es wissen, schließlich gehört er zu den erfolgreichsten Anlegern der Welt. Er hat viele Aktien bereits seit Jahrzehnten im Depot. Doch so gut wie niemand beherzigt die Regel. Noch nicht einmal die Profis.

Privatanleger tappen immer wieder in die Gebührenfalle – mit Direktinvestments in Aktien oder Anleihen ebenso wie durch ihre Fondskäufe. Je nach Broker und Handelssumme oder auch Anlageprodukt können die Gebühren immens sein, gerade bei kleinen Aufträgen.

Beim Kauf mancher Fonds über die Investmentgesellschaft beispielsweise fallen Ausgabeaufschläge in Höhe von bis zu fünf Prozent an – fünf Prozent, die ein Fonds erst wieder einfahren muss. Wer also öfter seine Fonds auswechselt, sollte genau nachrechnen, ob sich der Wechsel in das vermeintlich bessere Produkt wirklich rechnet. Diese Ausgabeaufschläge umgehen Anleger, wenn sie die Fonds direkt über die Börse kaufen. Aber auch das kostet natürlich. Denn es fallen noch weitere Gebühren an, die je nach (Online-)Broker oder Bank allerdings variieren. Auch hier lohnt ein genauer Blick. Fakt ist: Fonds-Hopping frisst die Rendite, ob nun mit oder ohne Ausgabeaufschlag.

Ordergebühren zahlen Anleger auch beim Kauf oder Verkauf von Aktien, Anleihen und Exchange Traded Funds (ETFs). Rund ein

Prozent der Anlagesumme berappen Kunden bei Filialbanken. Direktbanken sind oft günstiger. Bei meinem Onlinebroker beispielsweise zahle ich ein Grundentgelt von 4,90 Euro plus 0,25 Prozent des Ordervolumens – mindestens 9,90 Euro bei Orders bis 2.000 Euro und maximal 59,90 Euro. Und je häufiger ich umschichte, desto höhere Kurssprünge sind notwendig, damit es sich lohnt.

Natürlich zahlen kostenbewusste Anleger heute längst nicht mehr so viel wie vor zehn oder 20 Jahren. Dank Internet und Onlinebanken sind die Gebühren deutlich geschrumpft. Trotzdem sind sie ein Faktor, den Sie bei Ihrer Geldanlage nicht verdrängen sollten. Das Beispiel der Fonds mit Ausgabeaufschlag ist sicher am deutlichsten. Zwar gibt es bei Fondsvermittlern und Direktbanken oft 50 Prozent und mehr Rabatt auf den Ausgabeaufschlag und auch die Handelsgebühren sind gesunken. Trotzdem kostet Umschichten immer Geld. Auch bei Aktien- und Anleiheorders fallen diese Gebühren an. Diese Kosten setzen sich bei gewöhnlichen Börsenaufträgen aus den Börsengebühren sowie den Transaktionskosten des Brokers zusammen und variieren sowohl von Broker zu Broker als auch von Börse zu Börse.

Und da kann einiges zusammenkommen, wie Vergleiche von Onlinebrokern zeigen: Bei einem konservativen Kunden mit sechs Orders pro Jahr im Volumen von jeweils 10.000 Euro und einem Depotwert von 120.000 Euro fallen bei einem Vergleich der FMH Finanzberatung für das *Handelsblatt* beim günstigsten Broker nur zwölf Euro im Jahr an. Bei einem teureren Onlinebroker werden gut 140 Euro fällig. Im Vergleich zu vielen klassischen Filialbanken ist das aber immer noch wenig. Wie viel die Wahl der richtigen Bank ausmachen kann, zeigt die Auswertung für einen Börsenprofi. Für 250 Orders von im Schnitt 2.000 Euro berechnet der günstigste Onlinebroker bei einem durchschnittlichen Depotvolumen von 300.000 Euro nur 500 Euro. Das sind 1.725 Euro weniger als beim teuersten Broker im Vergleich.

Zusätzlich zu den Orderkosten von Wertpapieren verlangen Banken Depotgebühren, die bei großen Vermögen schnell einige Hundert Euro ausmachen können. Auch darauf gilt es zu achten. Wie heißt eine alte Kaufmannsweisheit noch so schön? Der Gewinn liegt im günstigen Einkauf. Übersetzt: Je mehr Geld nach Abzug der Erwerbskosten tatsächlich in den Wertpapierkauf fließt, desto größer ist am Ende der Wertzuwachs.

Völlig außer Acht lassen viele Privatanleger den sogenannten Spread. Denn beim Verkauf von börsengehandelten Wertpapieren gilt der niedrigere Geldkurs, beim Kauf dagegen wird der höhere Briefkurs in Rechnung gestellt. Die Differenz, den Spread, kassiert der Börsenmakler oder bei Zertifikaten der jeweilige Emittent. Dieser Spread fällt unterschiedlich aus. Faustregel: Je liquider Wert und Markt, desto geringer fällt auch die Geld-Brief-Spanne aus. Bei großen Werten aus dem Dax oder seinem amerikanischen Pendant Dow Jones ist der Spread kaum von Bedeutung. Je kleiner und je exotischer ein Wertpapier, desto teurer wird es. Bei SDax-Werten kann die Differenz aber schon bei einem Prozent liegen, bei Unternehmen aus Schwellenländern der Spread sogar zweistellig ausfallen. Für Anleihen gilt dasselbe.

Spreads sind übrigens keine feste Größe, sondern verändern sich laufend. Sie gehen auseinander, wenn das Risiko steigt. Bricht der Markt zusammen, lassen sich Papiere also nur mit besonders hohen Abschlägen verkaufen.

Gierige Renditejäger liegen oft falsch

Investoren wurmen diese Kosten, trotzdem versuchen sie immer wieder, durch Umschichten ihre Rendite zu erhöhen – oder zumindest Verluste zu vermeiden. Anleger unterliegen der Macht der Emotionen. Angst oder Gier treiben sie zum Handeln, die Kosten werden dabei oft ausgeblendet.

Die Jagd nach noch mehr Rendite ist auch gar nicht so einfach. Wir wissen zwar, was in der Vergangenheit gut gelaufen ist. Die Renditebringer der Zukunft können wir aber nicht genau vorhersagen. Deshalb besteht die große Gefahr, dass die Renditejäger falschliegen.

Wie schnell das schiefgehen kann, zeigen zwei Beispiele. Erinnern Sie sich noch an die Rally der Internetaktien? Jeder wollte dabei sein. Viele, die Mitte der 1990er-Jahre konservative Aktien gekauft hatten, erlagen der Gier und tauschten sie um die Jahrtausendwende gegen Internetaktien ein. Leider viel zu spät, nämlich nahe dem Höhepunkt. Dann folgte der Absturz. Verkauft wurde oft auch erst zu spät – und damit aus Angst vor noch höheren Verlusten die Erholung verpasst. Privatanleger haben also nicht nur auf das falsche Pferd gesetzt, sondern mussten auch für jeden Favoritenwechsel blechen.

Im Sommer 2011 war Ähnliches zu beobachten. Als der Dax im Sog der Schuldenkrise binnen kürzester Zeit 1.000 Punkte einbüßte, zogen viele Privatanleger aus Angst vor noch stärkeren Verlusten die Reißleine. Sie verpassten allerdings den Wiedereinstieg und damit eine fast ebenso rasante Erholung. Sollten sie aber doch wieder eingestiegen sein, dann haben sie auf jeden Fall doppelt Gebühren bezahlt. Hin und Her macht Taschen leer.

Wie schwierig es ist, die jeweils renditestärkste Anlageklasse zu erwischen, zeigt die Wertentwicklung von Aktien, Anleihen und Rohstoffen in jüngster Zeit. Im Jahr 2012 wären Sie mit deutschen Aktien am besten gefahren, sie legten fast 30 Prozent zu. US-Aktien schafften immerhin gut fünf Prozent, Gold aber nur 3,4 Prozent. In den beiden Jahren 2010 und 2011 wäre es am lukrativsten gewesen, in das gelbe Edelmetall investiert zu sein. Dagegen schlugen 2009 europäische Aktien Gold knapp. 2008 hätten Anleger mit Anleihen die Nase vorn gehabt. Von 2003 bis 2005 liefen Aktien am besten – aber nicht immer dieselben. Deshalb sollten Sie Ihren Entscheidungen langfristig treu bleiben und nicht der Versuchung zum Wechseln erliegen. Denn das neue Produkt muss sich besser entwickeln als das bisherige, schon allein, um die beim Wechsel fälligen Gebühren und Steuern auszugleichen. Sonst erleiden Sie tatsächlich Verluste.

Doch nicht nur die Kosten sind das Problem, sondern vor allem das richtige Timing. Die beiden amerikanischen Forscher Brad Barber und Terrance Odean haben nachgewiesen, dass sehr aktive Börsianer Rendite verschenken. US-Anleger konnten zwischen 1991 und 1996 im Durchschnitt eine jährliche Rendite von 16,4 Prozent erzielen. Die 20 Prozent handelsaktivsten Investoren schafften nur 11,4 Prozent. Diese Untersuchungsergebnisse stammen aus dem Vor-Internet-Zeitalter. Die heutige Informationsflut, gepaart mit den teils heftigen Schwankungen an den Börsen, verleitet zusätzlich zu hektischem Rein und Raus. Im Internet steht alles dauernd ungefiltert zur Verfügung – der klügste Anlagetipp und die dümmste Latrinenparole. Die schlechtere Performance der besonders aktiven Trader hat das Institut für Vermögensaufbau sogar bei Profis nachgewiesen. Vermögensverwalter, die am meisten umschichten, bringen die schlechtesten Ergebnisse. Das zeigte eine Studie, für die die Experten immerhin mehr als 2.000 Fonds unter die Lupe genommen haben. Auf Sicht von zehn Jahren konnten nicht einmal ein Drittel der Aktienfonds nach Kosten ihre Benchmark übertreffen. Von den flexibleren Mischfonds haben sogar nur 6,7 Prozent den Markt geschlagen.

Wie stark die Kosten am Vermögen nagen, zeigt das folgende Rechenbeispiel: Investiert ein Anleger 10.000 Euro mit einer jährlichen Rendite von drei Prozent und lässt sie liegen, werden daraus in zehn Jahren 13.439 Euro. Veräußert er die Anteile allerdings nach fünf Jahren, weil er auf eine vermeintlich lukrativere Chance setzen will, verlangt der Fiskus 25 Prozent vom bisher erzielten Gewinn. Von den in diesen fünf Jahren angesparten 11.593 Euro bekommt der Staat Steuern in Höhe von 398 Euro (ohne Solidaritätszuschlag und Kirchensteuer und vorausgesetzt, für die Geldanlage gilt schon die Abgeltungsteuer).

Kosten sind der größte Feind der Rendite

Dem Anleger bleiben dadurch nur noch 11.195 Euro, die er neu investieren kann. In diesem Fall müsste er also in den folgenden fünf Jahren schon eine Wertentwicklung von 3,7 Prozent pro Jahr erzielen, damit er nach einem Jahrzehnt ebenfalls über 13.439 Euro verfügt.

Das Beispiel zeigt: Kosten sind der größte Feind der Rendite – langfristig, also auf Sicht mehrerer Jahre, aber vor allem auch kurzfristig. Trotzdem gibt es sogenannte Daytrader, die durch schnelles Kaufen und Verkaufen – oft binnen weniger Minuten – hohe Gewinne erzielen möchten. Für sie sind die Gebühren noch viel entscheidender. Ein Daytrader achtet deshalb sehr akribisch darauf, so kostengünstig wie möglich vorzugehen. Denn jedes Geschäft kostet. Um die Börsengebühren zu umgehen, handeln viele aktive Trader außerbörslich und nutzen gerne kostenfreie Trading-Aktionen. Denn auch ihnen ist natürlich bewusst: Jeder Cent an Gebühren schmälert ihre Rendite und muss erst einmal verdient werden.

Daher sollten sich Anleger, bevor sie sich für einen Broker entscheiden, darüber im Klaren sein, wie viele Geschäfte sie pro Jahr tätigen, und die Brokerwahl gezielt daran ausrichten. Das gilt auch für Privatanleger, die sich für einen Onlinebroker oder eine Filialbank entscheiden. Extrem aktive Kunden verhandeln mit ihren Brokern die Konditionen. Die können je nach Aktivität des Anlegers bei den einzelnen Brokern unterschiedlich hoch sein. Verlangt der Broker eine Mindestgebühr, sind die Kosten bei kleinen Aufträgen prozentual höher als bei größeren Volumina. Vor allem Privatanleger riskieren pro Kauf tendenziell immer weniger, weshalb die Kosten häufig umso stärker ins Gewicht fallen.

Viele Finanzexperten bezweifeln übrigens, dass Daytrader dauerhaft erfolgreich sein können. Es ist zwar grundsätzlich nicht ausgeschlossen, innerhalb von kurzer Zeit durch das tägliche Handeln mit Wertpapieren an der Börse zu einem Vermögen zu kommen. Aber professionelle Anleger benötigten sehr viel Erfahrung, Zeit und Fleiß sowie eine gehörige Portion Kapitalrücklage, um die verlustreichen Phasen und Rückschläge zu überstehen und zu verkraften.

Privatanleger sollten mittel- bis langfristig agieren

Auch der bekannte Fondsmanager Christoph Bruns ist skeptisch. „Der kurzfristige Handel an der Börse ist ein Geschäft für professionelle Adressen", sagt er, der selbst die Fondsboutique Loys führt. „Sie haben die technischen und personellen Ressourcen, um dieses Geschäft profitabel zu betreiben." Heute wird der Handel zunehmend von Computerprogrammen gesteuert, die eine schnelle Signalauswertung und -umsetzung ermöglichen. „Daran kann man erkennen, dass für Privatanleger hier kein Platz ist, weil die professionellen Wettbewerber bessere Erfolgsvoraussetzungen mitbringen", so Bruns. Übersetzt heißt das für Privatanleger: Hin und Her macht Taschen leer. Die Weisheit ist ein Plädoyer für die langfristige Geldanlage, genau wie Kostolanys Schlaftabletten. Transaktionskosten und Emotionen sind im kurzfristigen Handeln eine Bürde. Anleger sollten sich eher auf mittel- bis langfristige Trends konzentrieren.

Immer mehr Anleger nehmen sich – ob bewusst oder unbewusst – diese Börsenweisheit zu Herzen. Das ist nicht zuletzt an dem klaren Trend zu passiven Strategien zu erkennen. Vor allem börsengehandelte Indexfonds – sogenannte Exchange Traded Funds (ETFs) – werden immer beliebter. ETFs bilden die Entwicklung von Indizes, egal ob auf Aktien, Anleihen, Währungen oder Rohstoffe, nahezu eins zu eins ab. Mit ETFs können Sie Vermögen langfristig auf verschiedene Märkte streuen und nur alle paar Jahre Korrekturen vornehmen. Das ist aber natürlich nicht im Interesse der Banken, denn die ETFs sind sehr günstig. Banken verdienen an ihnen kaum. Die Kosten liegen nur bei einem Bruchteil der Ausgabeaufschläge und Managementgebühren aktiv gemanagter Fonds. Allerdings erzielen Sie mit Indexfonds auch immer nur die Performance des jeweiligen Index, auf den Sie setzen – nicht mehr, aber auch nicht weniger.

Wenn Sie breit streuen und sich dabei lieber auf die Kompetenz von Profis verlassen möchten, können Sie den „Wechselzwang" auch durch einen Mischfonds umgehen. Diese aktiv gemanagten Fonds bieten einen Mix aus verschiedenen Anlageklassen – je nach Fonds von Aktien über Anleihen und Geldmarktprodukte bis hin zu Rohstoffen und Immobilien. Verbraucherschützer raten aber, sich die Produkte genau anzuschauen. Hin und Her kann nämlich auch passieren, ohne dass Sie einen Finger rühren – nämlich wenn Sie Anteile an einem Investmentfonds besitzen. Schließlich handeln die Fondsmanager ständig und auch dabei fallen Kosten an, die an der Rendite nagen.

Verbraucherschützer raten vor allem von teuren Dachfonds oder Fondspolicen ab, die gleich auf mehreren Ebenen Kosten haben. Investmentfonds würden immer mehr dazu übergehen, ihren gesamten Fondsbestand übers Jahr mindestens einmal umzuschlagen, so die Warnung. Die dadurch verursachten Transaktionskosten wurden bisher immer kleingeredet. Diese sollen aber – anders als mit einem halben Prozent angenommen – bei Aktienfonds im Schnitt sogar deutlich über ein Prozent betragen, glaubt man den Verbraucherschützern. Diese Transaktionskosten fallen also zusätzlich zu den eigentlich bekannten Verwaltungskosten eines Fonds an.

Doch es sind nicht nur die anfallenden Kosten, die einen Wechsel unattraktiv machen können. „Hin und Her macht Taschen leer" gilt mehr denn je, seit Anfang 2009 die Abgeltungsteuer eingeführt wurde. Kursgewinne aus Wertpapieren, die seither gekauft wurden, werden nun mit 25 Prozent besteuert. Und zwar egal, wie lange Sie die Papiere im Depot hatten. Eine Spekulationsfrist, nach der Sie Gewinne wie früher steuerfrei einstreichen können, gibt es nicht mehr. Ein schlechtes Geschäft für Anleger, ein gutes für den Fiskus. Gewinne aus den bis Ende 2008 gekauften Wertpapieren unterliegen zum Glück nicht der Abgeltungsteuer. Gewinne aus Gold- und Silbermünzen oder -barren sogar auch dann nicht, wenn sie seit Anfang 2009 gekauft wurden. Hauptsache, seitdem ist ein Jahr vergangen. Bei Xetra-Gold, ETFs oder anderen Gold- und Silberprodukten schlägt der Fiskus aber genau wie bei Aktien oder Anleihen erbarmungslos zu, sobald Sie Ihren mickrigen Freibetrag von 801 Euro pro Person ausgeschöpft haben.

Hin und Her füllt die Kassen der Banken

Es gibt übrigens Experten, die meinen, die Abgeltungsteuer befeuere das wilde Zocken. Schließlich ist es auf einmal egal, wie lange ein Anleger Aktien oder andere Wertpapiere hält. Die einjährige Haltedauer gibt es ja nicht mehr. Und genau das sei geradezu eine Einladung zum Trading. Ich sehe das etwas anders, aber wie dem auch sei: Hin und Her macht Taschen leer, füllt aber die Kassen der Banken, die das Trading deshalb bewerben, als sei es eine ewig munter sprudelnde Gewinnquelle.

Schon bald wird es voraussichtlich noch ein bisschen teurer. Mit der Spekulationssteuer oder auch Börsensteuer wollen voraussichtlich zehn EU-Staaten, darunter auch Deutschland – die Finanzmärkte bremsen und Geldhäuser an den Kosten der Krise beteiligen. Noch wird allerdings verhandelt. Mit wahrscheinlich 0,1 Prozent besteuert werden dann Verkäufe von Aktien, Anleihen und andere Geschäfte wie das Leihen von Wertpapieren. Auf Derivate, mit denen viel höhere Summen bewegt werden als mit Aktien, fällt nur eine Steuer von 0,01 Prozent an. Eigentlich soll die Steuer, die offiziell Finanztransaktionssteuer heißt, vor allem Banken und andere professionelle Investoren treffen und riskante Geschäfte an den Finanzmärkten zurückzudrängen. Beispielsweise den Hochfrequenzhandel, bei dem Akteure in Sekunden riesige Summen bewegen, die zu drastischen Ausschlägen an der Märkten führen können. Oder Geschäfte mit Derivaten, bei denen Investoren mit geringem Kapital mit gigantischen Beträgen spekulieren, was bei Fehlspekulationen den Betroffenen und verbundene Banken, Versicherer oder andere Akteure in die Tiefe reißt – und damit im schlimmsten Fall die nächste Finanzkrise auslöst.

Doch die Steuer trifft auch Privatanleger. Denn sie muss jeder bezahlen, der mit einem der betreffenden Finanzprodukte handelt – professionelle Investoren wie Hedgefonds oder Banken, die Milliarden bewegen, genauso wie Privatanleger. Letztere müssen jährlich 2,6 bis 3,6 Milliarden Euro schultern, hat das Deutsche Aktieninstitut vor einiger Zeit ausgerechnet – über die Steuer wird nämlich seit Jahren immer wieder diskutiert. Die Steuer betrifft auch Altersvorsorge-Produkte: Riester, Rürup, Fondspolicen und Lebensversicherungen. Ein durchschnittlicher Riester-Fondssparer muss den Berechnungen zufolge auf gut zehn Prozent dieser staatlich geförderten Rente verzichten. Wie stark es normale Anleger trifft, hängt natürlich davon ab, wie oft sie selber an der Börse handeln und welche Finanzprodukte sie im Depot haben. Wenn Sie oder Ihr Finanzpartner viel weniger umschichten, sind die Steuerlasten viel geringer. Fakt ist aber: Es kommen weitere Kosten auf Sie zu.

Kaum eine Börsenweisheit ist wohl so wahr wie „Hin und Her macht Taschen leer". Frauen scheinen das übrigens eher verinnerlicht zu haben als Männer. Es gibt klare Unterschiede zwischen den Geschlechtern, wie Studien immer wieder zeigen. Frauen stehen mehr zu ihren Investments und handeln seltener. Während sie nach Berechnungen der DAB Bank durchschnittlich nur 3,1 Transaktionen pro Jahr durchführten, kauften oder verkauften die Männer 6,9-mal Wertpapiere. Männer wechseln übrigens gerade bei steigenden Kursen oft hektisch von einem Papier ins andere, statt an gut laufenden Aktien einfach festzuhalten. Die vielen Transaktionen bringen ihnen keine Zusatzerträge, kosten sie dafür aber hohe Gebühren. Das ist übrigens auch eine Erklärung dafür, dass die grundsätzlich risikofreudigen Männer selbst in guten Börsenjahren die Frauen nicht oder kaum schlagen. Wer häufig kauft und verkauft, der macht nur die Bank reich und wird dabei selbst arm. Das scheinen Frauen viel eher begriffen zu haben als Männer.

Sehen Anleger sich genauer an, welche Folgen hektisches Wechseln zwischen zwei Investments hat, dürften sie sich meist dagegen entscheiden. Hektik ist ein schlechter Ratgeber, vor allem an der Börse. Setzen Sie lieber auf das gleiche Pferd. Langfristige Gewinner sind so schnell nicht zu schlagen.

11

Die **Börse** benimmt sich oft wie ein Alkoholiker: Bei guten **Nachrichten** weint sie, bei schlechten lacht sie.

Heute himmelhoch jauchzend, morgen zu Tode betrübt – so wechselhaft ist häufig auch die Stimmung von Börsianern. Mitunter reagieren sie völlig unberechenbar. Erinnern Sie sich nur an die Tage rund um die Wahl zum US-Präsidenten Anfang November 2016. Die Angst vor einem Wahlsieg Donald Trumps ist groß, die Börsen zittern geradezu vor dem Immobilienmilliardär aus New York. Im Wahlkampf war er durch sein rüpelhaftes und wenig diplomatisches Auftreten aufgefallen. Drohte, kritisierte, log sogar. Hatten ihn viele lange Zeit nicht wirklich ernst genommen, wuchs mit seiner offiziellen Nominierung zum Kandidaten der Republikanischen Partei die Wahrscheinlichkeit, dass er durchaus gewinnen könnte. Auch wenn sich das lange niemand vorstellen konnte oder wollte.

In den Tagen vor der Wahl ist die Nervosität entsprechend groß, zumal seine Gegenkandidatin, die Demokratin, ehemalige US-Außenministerin und ehemalige First Lady Hillary Clinton ebenfalls keine besonders gute Figur macht. Fest steht: Es ist der härteste und unfairste Wahlkampf in der US-Geschichte und niemals sind die Kandidaten für das höchste Amt im Staat so unbeliebt wie jetzt. Börsianer setzen eher auf einen Sieg Clintons, feiern in den Tagen vor der Wahl sogar schon ihren Sieg. Auch die Umfragen sprechen unmittelbar vor der Entscheidung für die Demokratin.

Doch es kommt anders. Und die Börse? Die steigt einfach munter weiter. Zwar tauchen die US-Futures, die einen Hinweis auf die Börseneröffnung am kommenden Tag liefern, in der Nacht vom 8. auf den 9. November kräftig ab, nachdem sich der Sieg Trumps abzeichnet. Doch nach der Rede des künftigen Präsidenten auf der Wahlparty mitten in der Nacht, in der er sich deutlich gemäßigter gibt und fast schon versöhnliche Töne anschlägt, erholen sie sich langsam wieder.

Wir haben mit dem *Handelsblatt* ein Wahlcamp in der amerikanischen Hauptstadt aufgeschlagen, sind also live vor Ort. Als ich mitten in der Nacht für ein paar Stunden ins Bett gehe, bin ich überzeugt, am nächsten Tag wird es ein Blutbad an den Börsen gegeben. Die europäischen Aktienmärkte eröffnen dann auch tief im Minus, doch mit jedem Pünktchen, das die Futures in den USA sich erholen, kommen auch Dax und Co aus dem Keller. Völlig verrückt: Die Wall Street eröffnet dann sogar im Plus. Dabei hat doch eigentlich „der Falsche" gewonnen. Zumindest ist das Wahlergebnis aber nicht so ausgefallen wie gedacht.

Die Märkte reagieren nicht immer logisch

Warum also steigen die Aktienkurse? Sie setzen sogar zu einer wahren Rally an, klettern wochenlang immer weiter. Wirklich logisch scheint sich der Markt zumindest unmittelbar nach der Wahl nicht zu verhalten – wie so oft. Börsenexperte André Kostolany sagte einst: „Die Börse benimmt sich oft wie ein Alkoholiker: Bei guten Nachrichten weint sie, bei schlechten lacht sie." Dieser kernige Spruch des Altmeisters stößt auch heute noch auf Zustimmung: Die Börse ist oftmals von kurzfristiger Irrationalität geprägt. Eine andere Weisheit lautet „Sell on good news, buy on bad news" und meint im Grunde dasselbe. Die Märkte reagieren nicht immer logisch, zumindest nicht auf den ersten Blick.

Vermeintlich schlechte Nachrichten sorgen manchmal für steigende Kurse. Umgekehrt passiert es, dass Aktien und Indizes trotz eigentlich sehr positiver Nachrichten fallen. Die Reaktion des Marktes auf Nachrichten vorherzusagen gleicht deshalb einem Glücksspiel und hat nichts mit klugem nachhaltigen Investieren zu tun. Gleichzeitig werden Nachrichten tendenziell sehr schnell vom Markt in den Kursen verarbeitet. Es macht daher überhaupt keinen Sinn, zu versuchen, schneller zu reagieren als der Markt. Wer das versucht, der schießt im Zweifel ein Eigentor.

Gottfried Heller, langjähriger Geschäftspartner und Freund des legendären André Kostolany, fühlt sich bei dem Spruch von der besoffenen Börse an ein Phänomen erinnert, das der legendäre Benjamin Graham beschrieb. Der Professor und Bestsellerautor stellte die Börse als menschliches Wesen dar, genauer gesagt als Psychopathen. Sein Name: Mr. Market.

Grahams Mr. Market ist Teilhaber in einer Firma, erscheint Tag für Tag bei seinem Geschäftspartner und nennt ihm einen Preis, zu dem er entweder seinen Anteil verkaufen oder den seines Partners übernehmen will. Obwohl die Firma wirtschaftlich stabil ist, sind die Preise von Mr. Market alles andere als das. Sie schwanken wie verrückt. Manchmal ist er euphorisch und sieht nur die positiven Seiten des Geschäfts. In dieser Stimmung nennt er natürlich geradezu fantastische Kaufpreise. Schließlich befürchtet er ernsthaft, es könne ihm jemand den Geschäftsanteil wegschnappen und ihn seiner kurzfristigen Gewinne berauben wollen.

Ganz anders sieht es aus, wenn Mr. Market deprimiert ist und jederzeit mit dem nächsten Unheil rechnet. In solchen Momenten bietet er seinen Anteil zu Schleuderpreisen an, getrieben von der Angst, sein Partner könnte ihn übervorteilen und ihm seinen Geschäftsteil überteuert aufhalsen wollen. „Diese Geschichte vom labilen, irrationalen Mr. Market beschreibt, dass sich die Börse oft wie ein Alkoholiker benimmt. Sie widerlegt auch die effiziente Kapitalmarkttheorie“, sagt Heller.

Dass sich die Börse oft so unlogisch benimmt, gilt aber nur kurzfristig – für Stunden, Tage oder Wochen. Experten erklären die unlogischen Reaktionen der Märkte oft mit der kurzfristigen Orientierung vieler Investoren. Kurzfristig motivierte Anleger machen sich eben oft keine Gedanken darüber, was unter wertorientierten Gesichtspunkten Sinn macht. Stattdessen versuchen sie das Verhalten anderer Marktteilnehmer vorherzusagen und wollen das schnelle Geld machen. Langfristige Perspektiven von Unternehmen, Branchen oder ganze Regionen interessieren sie nicht. Was daraus folgt, sind oft völlig übertriebene Kurzschlussreaktionen – einfach aus der Angst heraus, eine entscheidende Marktentwicklung zu verpassen.

Die meisten Anleger schwimmen mit der Masse

Wer diese Überreaktionen erkennt, kann das krankhafte, labile Verhalten der Märkte für sich nutzen: Sie müssen sich Mr. Market frei nach Graham zunutze machen, dürfen sich aber nicht von ihm beeinflussen lassen. Wenn Mr. Market bereit ist, utopische Preise zu zahlen, sollten Sie ihm die Papiere ruhig verkaufen, ist er dagegen depressiv, können Sie billig von ihm kaufen. Das ist übrigens das Erfolgskonzept, dem Anleger wie Warren Buffett folgen. Er legt antizyklisch an, macht also genau das Gegenteil von dem, was die Masse macht. Er kauft, was keiner haben will – zumindest dann, wenn er dieser Aktie die Erholung zutraut, wenn er das Geschäftsmodell des Unternehmens für zukunftsträchtig hält. Einer seiner bekanntesten Sprüche bringt es auf den Punkt: „Sei ängstlich, wenn alle gierig sind. Sei gierig, wenn alle ängstlich sind."

Kostolany war übrigens der Meinung, dass rund 90 Prozent der Anleger prozyklisch handeln, also mit der Masse schwimmen. Das heißt, dass nur etwa zehn Prozent in der Lage sind, gegen die Masse zu agieren. Genau das hat der Börsenaltmeister zu seinen Lebzeiten praktiziert und auch sein früherer Partner tut das. Gottfried Heller erinnert sich an 1987: Am 19. Oktober des Jahres kam es zum ersten echten Börsencrash nach dem Zweiten Weltkrieg. Am sogenannten „schwarzen Montag" – in Anlehnung an den „schwarzen Donnerstag" am 24. Oktober 1929, der die Weltwirtschaftskrise auslöste – fiel der Dow Jones binnen eines Tage um unglaubliche 22,6 Prozent.

Das war übrigens auch der größte prozentuale Rückgang innerhalb eines Tages in der Geschichte des US-Standardwerte-Index. Heute wäre das nicht mehr möglich, bei einem Verlust von mehr als zehn Prozent wird der Handel automatisch gestoppt. Damals war das aber noch nicht so. Da die Wall Street der Leitindex für die Weltbörsen ist, breitete sich die Panik schnell an den internationalen Märkten aus. Warum es damals zum Crash kam, ist bis heute umstritten. Ein entscheidendes Ereignis als Auslöser gab es nicht.

Wie auch immer. Gottfried Heller jedenfalls wollte am Tag nach dem Crash 1987 bei einer Bank telefonisch eine Kauforder aufgeben. Der etwas verwunderte Mitarbeiter der Bank fragte nochmals nach, ob Heller kaufen oder verkaufen wolle. „Kaufen natürlich", lautete seine Antwort. Damit sei er der Erste, der an diesem Tag kaufe, entgegnete der Bankberater. Darauf antwortete Heller: „Dann liege ich richtig." Heller war schon damals überzeugt – und ist es noch heute –, dass es die beste Strategie ist, antizyklisch zu handeln. Am Tag nach einem Crash einzusteigen, während andere noch ihre Wunden lecken oder sogar noch weitere Aktien auf den Markt schmeißen, ist definitiv sehr antizyklisch. Doch langfristig lohnt sich solcher Mut. So auch im Fall des „schwarzen Montags": 15 Monate nach dem Absturz hatte der Dow Jones wieder sein Niveau von vor dem Börsencrash erreicht.

Mittel- bis langfristig lohnt es sich also durchaus, antizyklisch zu agieren. Das gilt nicht nur für den Gesamtmarkt, sondern auch für einzelne Aktien. Natürlich sollen Sie keine Pleitegeier kaufen. Nicht jeder Verlierer ist ein „Fallen Angel", also ein gefallener Engel, der zu Unrecht abgestraft wurde und bald wieder fliegt. Manchmal hat es einen triftigen Grund, warum Aktien oder Märkte abstürzen. Dagegen sollten Sie sich nicht zu stemmen versuchen. So einfach ist weder „Sell on bad news" noch die Weisheit von den alkoholisierten Börsen umzusetzen. Ein bisschen komplizierter ist es schon. Jedes Mal, wenn ein Unternehmen Quartals- oder Jahresergebnisse liefert, zählt kurzfristig nicht so sehr, ob die Gewinne gestiegen oder gefallen sind, sondern ob sie besser ausgefallen sind als von Mr. Market erwartet. Selbst wenn der Gewinnzuwachs groß ist, aber geringer als erwartet, wird der Kurs fallen und bei hohen aber nicht ganz so schlimmen Verlusten wie befürchtet wird der Kurs steigen. Und schon wirkt die Börse wie unter Alkoholeinfluss.

Natürlich gibt es auch Gründe, dass die Märkte den eigentlich befürchteten Wahlsieg Trumps doch gefeiert haben. Viele seiner angekündigten Reformen könnten der Wirtschaft helfen. Beispielsweise die Investitionen in die marode Infrastruktur der USA. Davon dürften viele Branchen profitieren. Ebenso von seiner „großartigen" Steuerreform. Auch Bankaktien laufen wieder prächtig, schließlich will Trump die Regulierung lockern. Bleibt abzuwarten, was von all diesen „guten Nachrichten" wirklich Realität wird – und wie die Kurse dann reagieren.

Börsianer kennen die Launen von Mr. Market nur zu gut. Die Börse ist eben ein Abbild des Lebens, ein Spiegelbild unser selbst und als solches weiß Gott nicht frei von Widersprüchen. Wir dürfen aber nicht vergessen, dass die Börsenkurse und -entwicklungen letztlich das gebündelte Ergebnis menschlichen Handelns sind. In dem Maße, wie der Mensch unlogisch und irrational sein kann, ist es die Börse eben auch.

Gute Geschäfte in Zeiten alkoholisierter Märkte

Benjamin Graham riet Anlegern einst, nicht am närrischen Treiben der Börse teilzunehmen, sondern davon zu profitieren. Denken Sie immer daran, dass in Situationen ausgeprägter Irrationalität an der Börse mitunter große Fehler gemacht werden. Antizyklische Anleger erkennen solche Situationen und handeln – auch wenn es psychologisch nicht immer leicht ist, sich scheinbar gegen die breite Marktmeinung zu stellen. Dabei muss man sich daran erinnern, dass langfristig an der Börse nicht abgestimmt wird, ob etwas wertvoll oder weniger wertvoll ist. Sondern es wird im Laufe der Zeit anhand von Daten und Fakten gewogen und gemessen, wie es um die Werthaltigkeit steht. Es ist keineswegs ein Zufall, dass die profitabelsten Unternehmen der Welt in der Regel auch die wertvollsten Aktien haben.

Für uns Anleger gilt es, unlogische Reaktionen des Marktes durch logisches Verhalten gewinnbringend auszunutzen. Das ist nicht so einfach, aber machbar. Wer als Anleger nüchtern handelt, kann in Zeiten alkoholisierter Börsen gute Geschäfte machen. Im Klartext heißt das, Nachrichten darauf zu überprüfen, ob sie einen Einfluss auf den Wert eines Unternehmens haben oder nicht. Nur Informationen, die den Unternehmenswert beeinflussen, sollten bei Investmententscheidungen eine Rolle spielen. Wenn die Kurse trotz Nachrichten, die den Unternehmenswert eigentlich positiv beeinflussen sollten, irrationalerweise sinken – umso besser. Dann bietet sich für Anleger eine gute Möglichkeit, niedrig bewertete Titel zu finden.

12

Die **Börse** ist
wie eine **Skatpartie:**
Man muss mit guten Karten
mehr **gewinnen,** als
man mit schlechten Karten verliert.

Spielen Sie gerne Karten? Skat vielleicht? Eine Skatpartie gewinnt in der Regel der, der das beste Blatt hat oder geschickt reizt. Der Einsatz ist mal höher und mal niedriger, je nachdem, wie der Spieler sein Blatt einschätzt und welches Risiko er eingehen möchte. Ein bisschen ist das wie an der Börse. Dieses Kartenspiel gilt in Deutschland rechtlich gesehen im Gegensatz zum Poker zwar nicht als Glücksspiel. Aber ein gewisses Kartenglück kann nicht schaden. Was wahrscheinlich die meisten Deutschen denken: Die Börse ist ein reines Glücksspiel. Für diese Menschen ist der Kapitalmarkt nichts anderes als ein Kasino, Aktien sind ein hochriskantes Spiel. Der Einsatz droht jederzeit verloren zu gehen.

Doch das ist natürlich Unsinn und geht viel zu weit. Was stimmt: Auch an der Börse haben Anleger mal gute und mal schlechte Karten. Wenn Sie beispielsweise Anfang 2016 die Aktien des Sportartikel-Herstellers Adidas, des Mischkonzerns Siemens und des Chemieunternehmens BASF gekauft haben, dann hatten sie in den kommenden Monaten verdammt gute Karten. Die drei Aktien waren die Topwerte des Jahres 2016. Adidas legte fast 70 Prozent zu – was für eine Rendite! Die anderen beiden Titel schafften es immerhin auf stolze 30 beziehungsweise 25 Prozent. Dieses Blatt konnte sich sehen lassen. Wer hingegen auf ein Comeback der jahrelang gebeutelten Bankaktien gesetzt hatte, der hatte schlechte Karten. Die Anteilscheine von Commerzbank und Deutscher Bank waren auch 2016 die großen Verlierer. Beide verloren binnen zwölf Monaten fast ein Viertel ihres Wertes. Schlechte Karten also. Ein gutes Blatt sieht definitiv anders aus. Den einen oder anderen Gewinner sollten Sie schon im Depot haben.

Und darauf kommt es an der Börse an. Anlageguru André Kostolany sagte einst: „Die Börsenspekulation ist wie eine Skatpartie.“ Natürlich meinte der überzeugte Aktionär damit nicht, dass die Börse ein Kasino oder gar eine Spielhölle ist. Mit seinem Vergleich spielte er vielmehr auf die Gesamtentwicklung des Depots an, in dem ja leider selten alle Aktien gleichzeitig gut laufen – und hoffentlich auch nicht alle zeitgleich abstürzen. Er ergänzte seinen Skatspruch deshalb noch: „Man muss mit guten Karten mehr gewinnen als man mit schlechten Karten verliert." Nur so kann schließlich die Gesamtentwicklung stimmen.

André Kostolany war ohne Zweifel ein Meister der allegorischen Sprache. Viele seiner blumigen Sprüche sind längst Börsenweisheiten. Viele davon finden Sie in diesem Buch und andere in meinem ersten Buch „Sell in May and go away?", das gerade vollständig überarbeitet erschienen ist. Auf Kostolanys Börsenweisheiten geben auch heute noch viele Anleger sehr viel, zu Recht. Das gilt auch für den Vergleich mit dem Kartenspiel. Ganz treffend hat er die Börse mit dem Skatspiel verglichen.

Das Glück guter Karten ist kein Dauerzustand

Er deutet damit nämlich auch die zwei Szenarien Hausse und Baisse und den Umgang damit an. Wer langfristig Erfolg an der Börse haben will, der wird feststellen, dass eine wirklich gute Depotentwicklung dadurch zustande kommt, dass man an der Hausse stärker partizipiert und die größten Fehler während der Baisse vermeidet. Es gilt also, in guten Börsenphasen möglichst hohe Renditen einzufahren und in schwachen Phasen tunlichst geringe Verluste zu erleiden. Ganz ähnlich wie im Kartenspiel, wo das Glück guter Karten ja kein Dauerzustand sein kann, kommt es darauf an, was wir aus der Situation machen.

Mit den guten und den schlechten Karten ist das aber so eine Sache. Die guten zu erwischen ist nicht immer leicht. Zumal uns an der Börse ein wesentlicher Spielzug des Skatspiels leider fehlt: das

Reizen. Wir müssen die Karten ausspielen, die wir haben. Zum Glück können und sollten das aber sehr viele sein – ein wesentlicher Unterschied zum Kartenspiel. Die Kartenzahl beim Skat ist natürlich begrenzt. An der Börse ist das anders und das ist gut so. Ich kann es nur immer wieder betonen: Streuen Sie Ihr Risiko, setzen Sie auf viele einzelne Werte oder – um im Bild zu bleiben – Karten. Dann macht es auch nichts, wenn sich eine Karte mal als schlecht entpuppt. Risikostreuung ist und bleibt das oberste Gebot der Geldanlage. Denn egal wie gut unsere Strategie langfristig sein mag, kurzfristig sind wir dem Auf und Ab an den Märkten ausgeliefert. Allein schon deshalb müssen wir das Risiko getreu nach Harry Markowitz breit streuen.

Denn bei Investments an der Börse kann man durch verschiedene Formen der Analyse zwar Prognosen oder Erwartungen über die zukünftige Entwicklung einer Aktie treffen, aber es gibt sehr viele Einflussfaktoren und Stimmungen, die die Kurse bewegen. Mitunter müssen wir als Investoren lange warten, bis sich die erhofften Gewinne einstellen. Es passiert auch, dass der Kurs einer Aktie durchaus längere Zeit von einem als gerechtfertigt angesehenen fundamentalen Wert drastisch abweicht. Ein gutes Blatt kann also durchaus ganz schön schlecht laufen. Deshalb ist es nur logisch, dass nicht jedes Aktieninvestment zwangsläufig eine positive Rendite abwirft – egal wie „gut" es eigentlich ist. Gemeint ist mit der Börsenweisheit deshalb auch, dass Anleger bei ihrer Analyse ausgesprochen sorgfältig sein und nicht auf kurzfristige Stimmungen oder Trends aufspringen sollten.

Nicht zu lange an schlechten Karten festhalten

Gerade mit den „schlechten Karten", also den Nieten in ihren Depots, haben Anleger Probleme. Viele schauen lieber weg und handeln über Jahre nicht. Diese Vogel-Strauß-Politik ist aber wenig zielführend. Der langfristig orientierte Investor sollte Verlustbringer zwar länger aushalten, zumindest so lange, wie er überzeugt ist, dass das Investment deutlich mehr wert ist, als es der aktuelle Börsenkurs widerspiegelt. Allerdings sollten Anleger auch nicht zu lange an ihren schlechten Karten festhalten, denn dann entgehen ihnen andere und hoffentlich bessere Investments. Verlustbringer gehören aus dem Depot, sobald die Überzeugung fehlt beziehungsweise wenn ich andere deutlich ertragreichere Anlagemöglichkeiten habe. Oder eben, wenn der zuvor festgelegte Stop-Loss-Kurs erreicht ist.

Grundsätzlich ist nämlich niemand vor Verliereraktien gefeit, auch der erfolgreichste Anleger nicht. Schlechte Karten beziehungsweise Phasen sind ein fester Bestandteil der Börse und Anleger sollten sich darauf mental vorbereiten. Viele Anleger können jedoch mit Verlusten nicht umgehen und neigen dann zu Emotionen wie Angst oder Panik, die zu überhasteten Verkäufen führen – das Gegenteil der Vogel-Strauß-Politik, aber nicht weniger gefährlich für unseren Anlageerfolg. Wer keinen (zwischenzeitlichen) Verlust aushalten kann, sollte wohl überhaupt nicht an der Börse engagiert sein.

Mitunter kann sich das Blatt an der Börse auch wenden. Versorgeraktien galten lange als Witwen-und-Waisen-Papiere – nicht besonders sexy, aber sehr stabil und mit konstant hohen Dividendenrenditen. Sie galten als herrlich konservativ und schlummerten in den Depots vieler Privatanleger. Dann kam im Frühjahr 2011 die Dreifach-Katastrophe in Japan und in ihrer Folge der Atomausstieg hierzulande. Ähnlich erging es den Anteilseignern der hiesigen Banken. Mit dem Ausbruch der Finanzkrise stürzten ihre Aktienkurse empfindlich ab. Die Dividenden sind ebenfalls zusammengeschmolzen wie Eis in der Sonne.

Oder denken Sie an Volkswagen. Im September 2015 kam ein Skandal ans Licht, der schon Jahre zuvor seinen Anfang genommen hatte: Dieselgate, die Affäre um manipulierte Abgaswerte. Für Aktionäre war und ist das ein Drama, vor allem für jene, die schon 2015 investiert waren. Sie sitzen, je nachdem wann sie eingestiegen sind, auf fetten Verlusten. Der Skandal war eine wirklich üble Überraschung, die aus einer eigentlich ganz guten Karte eine zeitweise sehr, sehr schlechte machte. Die Aktie stürzte massiv ab und gehörte 2015 zu den schlechtesten überhaupt. Von ihren Tiefs hat sie sich zum Glück für die Aktionäre erholt. Doch die Affäre ist noch nicht ganz aufgearbeitet.

Aber was war überhaupt passiert? Die Affäre nahm ihren Anfang 2006 in den USA, als der deutsche Autokonzern für den dortigen Markt eine Diesel-Offensive mit dem knackigen Namen „US'07" beschloss. Klingt ein bisschen nach James Bond und sollte auch ein echter Krimi werden. VW wollte den US-Markt mit seinen Dieselmodellen erobern und warb mit dem eingängigen Slogan „Clean Diesel". Eine Lüge, wie sich später herausstellen sollte. Weil nämlich mit legalen Mitteln die strengen US-Schadstoffgrenzen nicht einzuhalten waren, griffen die Techniker in Wolfsburg zu einen Trick: dem Einbau von „defeat devices", die intern unter dem Decknamen „Akustik Modus" fungierten. Das fiel im März 2014 auf, als die University of West Virginia in einer Studie riesengroße Abweichungen bei Stickoxidemissionen feststellte: Auf der Straße waren die Abgase der VW-Autos viel giftiger als auf dem Teststand. Es handelte sich, wenn man so will, um eine sehr intelligente Form von Betrug – eine Mogelpackung auf jeden Fall. Eine Software sorgte dafür, dass die gesetzlich vorgeschriebene aufwendige Abgasreinigung nur wirkte, wenn sich das Auto auf einem Prüfstand befand. Freie Fahrt hieß: Dreck frei!

Gut anderthalb Jahre lang konnten die VW-Manager das Ganze noch irgendwie unter Kontrolle halten, verhandelten mit Behörden, legten neue Studien vor, wanden sich. Doch es half nichts, die US-Behörden blieben hart, der Schwindel war aufgeflogen und kam an die Öffentlichkeit. Der Schaden ist heftig: Allein in den USA musste VW Strafen und Schadenersatz von mehr als 25 Milliarden Dollar zahlen. Das klingt natürlich gigantisch, hat die Existenz des Unternehmens aber nicht beeinträchtigt – andererseits ist die Krise auch noch nicht beigelegt. Europas größter Industriekonzern erklärte sich bei einem Deal mit der US-Justiz schuldig, betrügerisch gehandelt, Daten vernichtet und Autos unter falschen Angaben in die USA importiert zu haben. Im Jahr zuvor hatte Vorstandschef Matthias Müller noch auf der Detroit Motor Show behauptet, der Einsatz der Schummelsoftware sei ein „technisches Problem" gewesen, und kein ethisches: „Wir haben nicht gelogen." Auch eine Lüge, eine teure noch dazu.

Im Vergleich zum VW-Fiasko wirkt die 2008 aufgeflogene Siemens-Korruptionsaffäre wie eine niedliche Miniatur. Sie kostete 2,5 Milliarden Euro – und alle Vorstände den Job. Bei VW ist das anders. Während bei Siemens der unabhängige Aufsichtsratschef Gerhard Cromme energisch durchgriff, zieht sich bei VW die Recherchearbeit in eigener Sache wie Kaugummi in die Länge. Noch immer ist unklar, wer genau was wusste und wann. Manche Angaben widersprechen sich. Noch hat das Dementi Konjunktur. Nur: Dass lediglich ein paar verschwiegene Techniker in geheimer Mission quasi den eigenen Arbeitgeber betrogen haben, glaubt mittlerweile keiner mehr. Diese Version hatte VW nach dem Auffliegen verbreitet. Im Sommer 2017 weisen die Fakten auf eine andere Realität: Mehrere Dutzend hochrangige Ingenieure waren eingeweiht und auch beteiligt. Die Ermittlungen laufen.

Egal, welche Schlagzeilen das Dauerproblem Dieselgate noch bringen wird – die Absatzzahlen des Konzerns haben den Skandal erstaunlich robust verkraftet. Zwar ist der Marktanteil der VW-Autos in Europa und in den USA zuletzt leicht gesunken, doch insgesamt verkaufte der Konzern 2016 vier Prozent mehr Autos und kassierte besser als je zuvor. Der Gewinn stieg sogar auf ein Rekordhoch. Die Verkaufserlöse sind so gut, dass sich auch Abstriche durch die Milliardenzahlungen an die US-Behörden leicht bewältigen lassen. Das Image von VW hat allerdings Kratzer bekommen und gelitten. Der Konzern will sich jetzt den Zukunftsaufgaben widmen, die er lange vernachlässigt hat: Elektromobilität, selbstfahrende Autos und Carsharing zum Beispiel. Dafür sind hohe Investitionen nötig. Die Zukunft wird zeigen, wie VW diese Herausforderungen meistert. Die Aktie ist auf jeden Fall noch weit von ihrem Rekordhoch entfernt.

Mitunter wendet sich das Blatt, aus schlechten Karten werden gute

Nun kann man natürlich auf Zeit spielen und auf die Erholung setzen, darauf, dass sich das Blatt wieder wendet und aus der schlechten eine gute Karte wird. Das hat im Fall von VW teilweise geklappt und könnte sich auszahlen. Die Zeit ist bekanntlich der größte Verbündete des Investors. Wir müssen Turbulenzen an der Börse ertragen und aussitzen können. Wenn die vorangegangene Analyse stimmig ist, wenn Sie glauben, dass eine aktuelle Krise – ob nun im Fall von VW, der Banken oder der Versorger – Ihres Unternehmens vorübergeht, dann können Sie ihm treu bleiben. Das gilt übrigens vor allem bei marktbreiten Turbulenzen oder sogar Crashs. Wie im Leben gilt auch an der Börse: Die Zeit heilt (fast) alle Wunden, wobei ein Pleitekonzern natürlich ein Pleitekonzern bleibt. Aber oft lohnt es sich, einen langen Atem zu haben. Im Laufe der Zeit erkennt die Börse nämlich den richtigen Wert eines jeden Unternehmens, wenngleich zwischenzeitlich dicke Nebelschwaden die Wertfindung verhindern können. Es gilt also die Nerven zu behalten, eine ruhige Hand zu bewahren – wie beim Skat – und die Zeit für sich spielen zu lassen.

Doch auch ein gutes Blatt stellt Anleger mitunter vor komplizierte Entscheidungen. Wann ist eine Aktie zu gut gelaufen? Wann heißt es, Gewinne mitzunehmen? Da hilft wie so oft eine klare Strategie mit klaren Zielen und Handlungsanweisungen. Verkaufen sollten Sie beispielsweise, wenn das erwartete Kurspotenzial erreicht wurde oder wenn bei einer Verschlechterung der allgemeinen Marktperspektiven der nach oben nachgezogene Stop-Loss-Kurs erreicht wurde. Gewinne sollten dann mitgenommen werden, wenn der faire Wert erreicht ist – und dann konsequent. Alles andere wäre Spekulation, warnen Experten. Eine Spekulation darauf, dass es einen Dümmeren gibt, der mehr zahlt, als die Firma wert ist. Das wäre dann der gekonnte Bluff, und äußerst lukrativ.

Dass die Börse ein Kasino ist, stimmt natürlich nicht, auch wenn es viele Zocker gibt, die sie nur allzu gerne dazu machen würden. Börse ist kein Kartenspiel. Insofern hinkt der Vergleich mit dem Skatspiel dann doch ein wenig. Kurzfristig gesehen ist Börse vielleicht ein Spiel. Langfristig haben wir es aber definitiv mit Investments zu tun, da sich der Wert eines Unternehmens auch in seinem Börsenkurs widerspiegelt. Hinter den an der Börse notierten Aktien stecken schließlich reale Werte. Aktien sind Beteiligungen an Unternehmen und keine Spielkarten.

Natürlich ist es eine sehr kurzfristige Betrachtung, sich nur die Gewinner und Verlierer 2016 anzuschauen. Eine zu kurzfristige sogar. Denn Aktien sind Langfrist-Investments. Trotzdem zeigt das extrem kurzfristige Beispiel, dass es auch an der Börse darauf ankommt, die richtige Mischung – oder um in der Skatsprache zu bleiben: das richtige Blatt – zu haben. Der Anteil der Gewinneraktien sollte in jedem Fall merklich höher sein als der Anteil der Verlierer. Und deshalb gilt es, von Zeit zu Zeit nachzujustieren.

13

Risiko entsteht dann, wenn Anleger nicht wissen, was sie tun.

Er gehört zu den legendärsten Schauspielern aller Zeiten. Filme wie „Giganten" und „Jenseits von Eden" sind echte Meisterwerke und machten James Dean zum Superstar. Obwohl er nur ein paar Filme drehte, bekam er immerhin zwei Oscar-Nominierungen. Wie James Dean sein Geld angelegt hat, ist nicht bekannt. Vielleicht hat er sich darüber auch gar keine Gedanken gemacht. Schließlich starb er mit gerade mal 24 Jahren bei einem Unfall mit seinem Porsche 550 Spyder. Ein Unfall mit einem Auto war auch die Schlüsselszene in seinem vorletzten Film. Seine Rolle in „... denn sie wissen nicht was sie tun" machte ihn zu einem Jugendidol. Der Filmklassiker aus den 1950er-Jahren war einer meiner Lieblingsfilme im Teenie-Alter und auch heute noch schalte ich ein.

Erinnern Sie sich? Ein paar Halbstarke aus der oberen Mittelschicht – neben James Dean spielte auch die blutjunge Natalie Wood – rebellieren gegen ihre bürgerlichen Eltern. Jim Stark (James Dean) eckt immer wieder an, landet schon mal wegen Trunkenheit bei der Polizei und schließt sich einer Bande gleichaltriger gelangweilter Rowdys an. Deren Anführer Buzz provoziert ihn und es kommt zu einer gefährlichen Mutprobe. Die Rowdys verabreden sich zu verbotenen Rennen mit gestohlenen Autos – und setzen ihr Leben aufs Spiel. Jim und Buzz rasen mit den Wagen auf eine Klippe zu. Wer zuerst aus dem Auto springt, ist ein Feigling. Während Jim kurz vor der Klippe herausspringt, bleibt Buzz mit dem Jackenärmel am inneren Türgriff hängen und stürzt mit dem Auto in die Tiefe. Der Rest der Geschichte ist ein ziemliches Drama um Schuld und Unschuld, Verrat und Freundschaft und natürlich darf auch die Liebesgeschichte nicht fehlen. Die Schlüsselszene ist aber das Autorennen. Was für ein Wahnsinn, sich darauf einzulassen! Oder um den Filmtitel zu zitieren: Denn sie wissen nicht, was sie tun.

Ähnlich dramatisch kann es ausgehen, wenn Anleger nicht wissen, was sie tun. Um Leben und Tod geht es an der Börse zwar nicht, aber auch viele Investoren sind sich der Gefahren, denen sie ihr Geld aussetzen, nicht bewusst. Und das macht die Geldanlage zu einer äußerst riskanten Sache. „Risiko entsteht dann, wenn Anleger nicht wissen, was sie tun“, sagt der legendäre Investor Warren Buffett. Er wird bei dieser Aussage vielleicht nicht an den Filmklassiker gedacht haben, der im Original ganz anders heißt, aber der Vergleich liegt nahe. Recht hat er – zumal es bei der Geldanlage ganz unterschiedliche Arten von gefährlicher Unwissenheit gibt.

Emotionen sind an der Börse kein guter Ratgeber

Da wären die Emotionen. Von Gier oder Angst geleitet stolpern Anleger von Falle zu Falle. Sie verkaufen zu spät, nämlich wenn die Kurse abgestürzt sind. Sie kaufen zu spät, wenn die Kurse bereits weit, sehr weit gelaufen sind. Regiert das Gefühl über den Verstand, dann treffen wir Investoren Fehlentscheidungen. Wir lassen uns unbewusst von Panik oder Gier anstecken und handeln unüberlegt. Emotionen sind an der Börse selten ein guter Ratgeber. Meistens kostet es uns viel Geld, wenn wir uns von ihnen treiben lassen. Wir müssen erkennen, wann wir emotional werden, nur so können wir verhindern, in Psychofallen zu tappen. Aber dazu kommen wir im nächsten Kapitel noch mal ausführlicher.

Unwissenheit kann sich auch in einem Anlagemix zeigen, der so gar nicht zu unseren Zielen passt. Altersvorsorge ausschließlich mit Sparbüchern, Tagesgeldkonten oder der allgegenwärtigen Lebensversicherung funktioniert eben in Zeiten, in den Zinsen praktisch abgeschafft sind, nicht mehr. Doch das wollen die Deutschen nicht hören und halten an ihren Minizins-Produkten eisern fest. Die Rendite von

Bankeinlagen tendiert gegen null und die Rendite sehr sicherer Anleihen ist mitunter sogar negativ. Die risikoaversen Anleger haben auch gute Argumente, schließlich wächst das Geldvermögen der privaten Haushalte Jahr für Jahr. Berechnungen der DZ Bank zufolge ist es beispielsweise 2016 um rund 230 Milliarden Euro auf 5,7 Billionen Euro gestiegen – ein Plus von 4,1 Prozent. So falsch kann der Anlagemix doch nicht sein, rufen uns die Sparer zu.

Klar, eigentlich ist der Vermögenszuwachs angesichts des anspruchsvollen, um nicht zu sagen negativen Umfelds für die private Geldanlage eine gute Nachricht. Doch so einfach ist es nicht. Schauen wir auf das Jahr 2016 zurück: Extrem niedrige Zinsen machten den deutschen Sparern zu schaffen. An den Aktienmärkten lief es zwar deutlich besser, aber auch hier standen die Kurse über weite Teile des Jahres unter Wasser. Erst die Jahresendrally im Dezember brachte die erhofften Kursgewinne – einer der „wenigen Lichtblicke des Anlagejahres 2016“, schrieb Ökonom Michael Stappel von der DZ Bank.

Die Kursgewinne bei Aktien trugen mit immerhin rund 44 Milliarden Euro zu der positiven Entwicklung des Geldvermögens bei. Allein der Dax schaffte es – allen Schwankungen zum Trotz und der Jahresendrally sei Dank – 2016 auf ein Plus von 6,9 Prozent. Andere Indizes schnitten noch viel besser ab. Renditen, von denen Sparer nur träumen können. Doch die meisten deutschen Anleger meiden die Börse. Im internationalen Vergleich sind deutsche Privatanleger risikoscheu. Nur gut neun Millionen Aktionäre und Aktienfondsbesitzer zählt das Deutsche Aktieninstitut (DAI). Das sind rund 14 Prozent der Bevölkerung. Alle anderen lassen die Finger von dieser Anlageform.

Das Geldvermögen wächst langsamer

Die Deutschen sparen lieber, als ihr Geld sinnvoll zu investieren. Die Folgen davon zeigt die Studie der DZ Bank sehr eindrucksvoll. Das

Geldvermögen mag 2016 wieder gewachsen sein, doch im Jahr zuvor war es gar um 4,8 Prozent gestiegen – 0,7 Prozent mehr also. Ein recht deutlicher Rückgang. Und das, obwohl die Deutschen in den vergangenen zwölf Monaten wieder fleißig gespart haben. Die Sparquote liegt Jahr für Jahr um die zehn Prozent. Das heißt: Jeden zehnte Euro, den wir verdienen, legen wir zur Seite. Und das ist in den meisten Fällen wörtlich zu verstehen, denn die Deutschen lassen ihr Geld auf Sparkonten herumliegen, aber sie investieren es nicht. Sie lassen es nicht arbeiten – und verzichten auf wertvolle Rendite.

Doch warum steigt das private Vermögen trotzdem? Es liegt wirklich an der Sparquote und es liegt daran, dass die nominal verfügbaren Einkommen 2016 um gut 2,5 Prozent gestiegen sind – ohne größere Kaufkraftverluste durch Inflation. Die stieg erst 2017 an. Insbesondere die Rentner konnten sich im Sommer über eine kräftige Rentenanhebung freuen. Mehr Geld für alle, das klingt zwar erst einmal positiv, doch es hat einen Haken: Auch wenn die Bundesbürger mittlerweile immer stärker in Immobilien investieren, gibt es einen schon seit Jahren wachsenden Geldanlagestau. Und es wird nicht besser. Denn immer mehr Geld, das bisher noch gut oder zumindest halbwegs gut verzinst angelegt war, wird fällig. Vergleichbare Renditen gibt es nicht mehr.

Doch was tun? Aktien scheinen immer noch keine Alternative zu sein. Sich langfristig in festverzinslichen Anlagen zu binden, die dann etwas mehr Rendite bieten, scheint für die Deutschen auch kein Ausweg zu sein. Die Folge: Ein immer größerer Teil frei werdender und neuer Anlagemittel wird in Sichteinlagen und anderen täglich fälligen Konten gehalten. Inzwischen sind mehr als die Hälfte aller Bankeinlagen und fast ein Viertel des gesamten privaten Geldvermögens in täglich fälligen Mitteln zwischengeparkt, hat die DZ Bank errechnet. Mittel- bis langfristige Bankeinlagen und Rentenpapiere verlieren in den Portfolios privater Haushalte immer mehr an Gewicht. Eine nennenswerte Verzinsung von Einlagen und Rentenpapieren findet immer seltener statt.

Nur 6,8 Prozent ihres Geldes stecken die Deutschen nach Berechnungen der DZ Bank in Aktien, nur 10,1 Prozent in Investmentfonds. Dagegen sind Anlageformen wie Bargeld, Girokonto und Tagesgeld mit fast 40 Prozent am beliebtesten. Obwohl man die eigentlich kaum noch als Anlageform bezeichnen kann, schließlich findet dort mangels Zinsen schon länger keine Geldvermehrung mehr statt. Es sind eher „Rumliege-Formen". Ganz so schlimm sieht es zwar bei den Lebensversicherungen nicht aus, aber auch hier schrumpft die Rendite von Jahr zu Jahr. Das trifft uns hart. Schließlich sind die Lebensversicherungen mit 74 Millionen Verträgen eine der beliebtesten Anlagen. Dumm nur, dass derzeit Millionen Sparer zusehen, wie die Rendite dieser Policen wegen des Niedrigzinses schmilzt: Die Drei vor dem Komma ist weitgehend Geschichte. Ein Grund dafür ist, dass die Lebensversicherer das Geld der Sparer nur zu durchschnittlich 4,3 Prozent in Aktien anlegen, der Löwenanteil liegt in Zinspapieren. Der niedrige Aktienanteil ist nicht Ergebnis übertriebener Vorsicht – sondern vom Gesetzgeber so verlangt.

Vermeintlich sichere Anlagen wie Geldmarktanlagen und Bundesanleihen reichen seit geraumer Zeit weder zum realen Kapitalerhalt noch zur Erfüllung versicherungsförmiger Garantien. Geldmarktanlagen und kurz- bis mittelfristige Bundesanleihen führen demnach mit Sicherheit zu negativen Realrenditen. Für private wie institutionelle Anleger ist das eine relativ neue Erfahrung. Dass sich diese Situation schnell ändert, glauben die wenigsten Experten. Es wird dauern, bis die Notenbanken die Zinsen wieder anheben.

Es fehlt eine echte Aktienkultur

Trotzdem bleiben die Deutschen ihren vermeintlich sicheren Anlagen treu. Dass sie damit Geld verlieren oder zumindest kaum noch welches verdienen, blenden sie aus oder akzeptieren es. Ob sie wissen, was sie tun? Ob sie wissen, welches Risiko sie eingehen? Sicher ist nicht mehr sicher, wenn wir mit diesen Anlagen Geld verlieren. Es gilt gegenzusteuern. Risiko muss neu betrachtet werden. Aktien sind eine Alternative, eine Beimischung rettet die Rendite unserer Geldanlage – nicht nur 2016. Doch die Deutschen wollen sich an ihrer Wirtschaft nicht beteiligen. Sie sind zwar stolz auf „Made in Germany", aber deshalb in Anteile eines Unternehmens investieren? Lieber nicht. Es fehlt an einer echten Aktienkultur. Leider hält der Vorsorgestandort Deutschland mit dem unternehmerisch geprägten und international orientierten Wirtschaftsstandort Deutschland nicht mit. Denn während die Unternehmen hierzulande im globalen Vergleich gut aufgestellt sind und über solide Bilanzen verfügen, gehört der Durchschnittsdeutsche zu den Ärmsten in Europa, so unglaublich das klingt – denn er verlässt sich auf Arbeitseinkommen und staatliche Rente und vernachlässigt den kontinuierlichen Vermögensaufbau durch Immobilien- und Aktienbesitz. Die in Deutschland ohnehin geringe Anzahl an Aktionären stagniert.

Die Anleger haben Angst vor dieser Anlageform, zu Unrecht. Aber wenn selbst Bankberater Aktienempfehlungen vermeiden, wird es so schnell wohl auch nicht besser. Ein Grund ist die Risikoaversion der fleißigen Sparer. Wer will schon auf seinen Kunden einreden wie auf einen lahmenden Gaul? Doch es gibt noch einen Grund: Seit November 2007 brauchen Finanzberater eine spezielle Erlaubnis, um Empfehlungen zu Aktien, Anleihen und Zertifikaten zu geben. Auch wenn ein Neukunde bereits Einzelaktien im Depot hat, darf der Berater ohne Erlaubnis keine konkreten Tipps geben. Die Erlaubnis zu bekommen ist langwierig und teuer. Selbst wer sie hat, kann nicht einfach so drauf los beraten. Der bürokratische Aufwand bei der Beratung zu einzelnen Wertpapieren bleibt hoch. Seit 2010 sind Beratungsprotokolle Pflicht. Eine Studie des Deutschen Aktieninstituts hat die Folgen dieser Regel analysiert: 65 Prozent der Banken haben die Beratung zu Einzelaktien eingeschränkt, 22 Prozent gleich ganz eingestellt. Ob die Politiker wussten, was sie tun? Es war auf jeden Fall ein schwerer Schlag für die deutsche Aktienkultur. Zum Glück greift bei Fonds eine Sonderregel. Trotzdem ist es mit der deutschen Aktienkultur nicht weit her: Nur jeder Siebte besitzt Aktien oder Aktienfonds.

Die Chancen, dass sich das zeitnah ändert, scheinen leider gering. Umfragen zu den unvermeidlichen guten Vorsätzen für das neue Jahr haben wieder gezeigt: Nur elf Prozent der Deutschen wollen 2017 auf die Börse setzen – das Ergebnis ist Jahr für Jahr ungefähr gleich. Immerhin ergab die Umfrage auch, dass die meisten Deutschen gute Vorsätze für ihr Geld haben. Überraschend angesichts der Niedrigzinsen: An erster Stelle der Vorsätze steht, regelmäßig (mehr) zu sparen, etwa für die Altersvorsorge. Zwei Drittel der Befragten haben sich vorgenommen, ihre finanzielle Situation aktiv zu verbessern. Ich gebe die Hoffnung nicht auf, dass sie dabei doch noch ein bisschen mehr riskieren und Aktien als gute Anlageform entdecken.

Sparbuch oder extrem heiße Wetten

Apropos Risiko: Wenn die Deutschen etwas mehr riskieren, dann zocken sie richtig. Sparbuch oder extrem heiße Wette – dieser Eindruck drängt sich zumindest auf, wenn man sich die Umsätze mit Hebelpapieren und Optionsscheinen sowie den Trend zu sogenannten Contracts for Difference (kurz CFDs) anschaut. Diese Wetten sind wirklich hochriskant. Mit CFDs können Sie mehr verlieren, als

Sie eingesetzt haben. Spekuliert wird vor allem auf Aktienindizes, aber auch auf Veränderungen von Einzeltiteln oder sogar Devisenkursen – und das mit Hebel. Verändert sich ein Kurs um ein Prozent, spürt der Anleger diesen Gewinn oder Verlust bei einem Hebel von fünf fünfmal stärker. Und ein solcher Hebel kann getrost als „konservativ" bezeichnet werden, auch Hebel von 100 und mehr sind im Angebot. Das ist dann wohl der ultimative Kick. Ein absoluter Wahnsinn, wenn Sie mich fragen. Wer mit CFDs zockt, kann sich um Haus und Hof bringen. Mit Geldanlage hat das nichts zu tun. Das ist nicht mehr als ein Spiel. Es mag Spaß machen, mit CFDs zu zocken, aber es ist nicht weniger riskant als das Autorennen im Film, wenn auch nicht tödlich.

Stellen Sie sich vor, Sie sind vom weiteren Anstieg des Dax absolut überzeugt. So überzeugt, dass Sie es wagen, mit einem Hebel von 50 auf die Rally zu setzen. Dumm nur, wenn Sie falschliegen. Fällt nämlich der Dax um drei Prozent, verbucht der CFD theoretisch einen Verlust von 150 Prozent. Geht nicht, denken Sie? Schließlich ist Ihr Geld weg, wenn Sie 100 Prozent verlieren? Leider funktionieren diese Papiere anders: Die fehlenden 50 Prozent müssten Sie nachschießen. Damit es dazu nicht kommt, werden Sie üblicherweise aber gewarnt, bevor das eingesetzte Geld verloren ist. Und wenn es dann tatsächlich futsch ist, schließt der Anbieter zum nächstmöglichen Kurs. Auch das könnte teuer für Sie ausgehen: Ist dieser Kurs nämlich deutlich niedriger, müssen Sie Geld nachschießen – und haben mehr verloren als eingesetzt. Es wird übrigens immer wieder diskutiert, CFDs mit Nachschusspflicht zu verbieten. Ich würde das richtig finden. Die Gefahr, viel Geld zu verlieren, ist einfach gigantisch. Ob das jedem CFD-Glücksritter bewusst ist?

Natürlich gilt die Börsenweisheit von Warren Buffett auch für diese Investoren. Denn nicht selten gehen sie heiße Wetten ein, ohne sich des Risikos wirklich bewusst zu sein – und wundern sich dann, wenn sie hohe Verluste einfahren oder das eingesetzte Geld gleich ganz weg ist. Ein viel zu hohes Risiko – natürlich abhängig von der jeweiligen Risikoneigung und dem Anlageziel – gibt es also auch an der Börse und nicht nur bei den Halbstarken im Film. Nur wollen Börsianer nicht unbedingt einen anderen Menschen beeindrucken – sie wollen schlicht besser sein, besser als viele andere, am liebsten sogar besser als der Markt. Doch dabei verbrennen sie nicht selten Geld. Denn sie wissen nicht, was sie tun ... Und selbst wenn sie wissen, was sie tun, ist das Risiko eines Investments noch vorhanden. Das Ergebnis eines Investments ist noch längst nicht prognostizierbar, nur weil ich weiß, was ich tue.

Das gilt im Übrigen an der Börse wie abseits davon: Wenn beispielsweise Metro 100 Saturn-Märkte in Osteuropa eröffnet, ist zwar eine Wahrscheinlichkeitsrechnung über den Erfolg möglich, aber keine Sicherheit. Setzt sich Saturn gegen die Konkurrenz durch und trifft es den Geschmack der Kunden, ist das Preismodell konkurrenzfähig. Erst wenn sich das in der Praxis zeigt, weiß ich, ob das Investment ein Erfolg wird. Und ob dann auch die Metro-Aktie ein Erfolgsinvestment wird. Natürlich liegt jeder Anleger einmal schief. Selbst Superinvestor Warren Buffett verliert ab und an Geld, und das liegt in der Natur der Börse. Das gesamte Börsenwesen ist darauf ausgerichtet, künftige Entwicklungen zu antizipieren und mit Eintrittswahrscheinlichkeiten zu versehen. Wird das Risiko dann noch hinreichend gestreut, dann lassen sich über derartige Positionierungen anspruchsvolle Renditen erzielen. Im Umkehrschluss gilt allerdings, dass jene Anleger, die nicht wissen, was sie tun, geradezu dem Zufall ausgeliefert sind und damit erfahrungsgemäß verlieren werden.

Genau deshalb hat Buffett mit seiner Aussage auch recht. Anleger sollten grundsätzlich nur kaufen, was sie verstehen – das fängt beim

Geschäftsmodell des Unternehmens, in das sie investieren wollen, an und hört bei der Funktionsweise komplizierter Finanzprodukte auf. Wer nicht weiß, was er tut, der muss hinnehmen, was passiert. Das gilt für Fehlentscheidungen an der Börse ebenso wie für die ebenfalls falsche Entscheidung, lieber auf niedrig verzinste Anlageprodukte zu setzen und Aktien gleich ganz zu meiden. Dann endet Ihre Investmenterfahrung ähnlich dramatisch wie der Film.

14

Kurzfristig ist die Börse
eine Abstimmungsveranstaltung,
langfristig
ist sie ein Wägemechanismus.

Eigentlich müssten die Regeln doch klar sein: Wächst die Wirtschaft, steigen die Unternehmensgewinne und mit ihnen die Börsenkurse. Schrumpft das Bruttosozialprodukt aber, stagnieren oder schrumpfen die Bilanzen, läuft es an der Börse auch nicht mehr gut. Klingt doch logisch, oder? Wäre es auch. Aber so funktioniert die Börse eben nicht. Zumindest nicht kurzfristig. Auf Sicht von wenigen Tagen, Wochen, manchmal sogar Monaten dreht sie oft komplett durch, entwickelt sich völlig verrückt. Mal geht es übertrieben in die eine und mal überzogen in die andere Richtung. Rational lässt sich das weder erklären noch lässt es sich verstehen. Oder doch? Ja und nein. Aber Benjamin Graham, Erfinder des Value-Investing, hilft uns, die Verrücktheiten besser zu verstehen.

Beispiele für verrückt spielende Börsen haben wir in jüngerer Vergangenheit einige erlebt. Mitunter standen wir Investoren mit offenem Mund am Rande des Parketts und starrten auf den Fernsehbildschirm oder die Kurstafeln. Was ist da los? Warum passiert das? Sollte das nicht eigentlich genau andersherum laufen? Waren nicht alle Analysten überzeugt, dass im Fall der Fälle genau das Gegenteil von dem passieren würde, was nun gerade abgeht?

Beispiel Nummer eins habe ich schon ausführlich beschrieben, schließlich war ich live in Washington D.C. dabei, nur wenige Hundert Meter vom Weißen Haus entfernt. Trotzdem konnte ich es immer noch nicht ganz fassen: Die Amerikaner hatten den Populisten Donald Trump zum US-Präsidenten gewählt und die Wall Street markierte neue Höchststände. Dabei hatten doch so gut wie alle Investoren für diesen Fall mit massiven Einbrüchen an den Märkten gerechnet. Doch es kam anders. Nach einem sehr kurzfristigen, nur wenige Stunden in der Nacht andauernden Absturz erholten sich die Märkte nicht nur, sondern es ging steil bergauf. Aber ist das auch nachhaltig?

Und was ist mit der Brexit-Abstimmung? Auch hier war ich mit einem „Handelsblatt Camp“ live vor Ort. Das Ja der Briten zum Ausstieg aus der Europäischen Union (EU) hat auch uns eiskalt erwischt. Zugegeben, aus der einen oder anderen Ecke Großbritanniens berichteten unsere Kollegen, dass die Stimmung gegen die EU sei. Aber in London? In der City, wo die großen Investmentbanken residieren, da war die Stimmung ganz anders. Und in unserem Camp auch. Auch an den Märkten wurde der „Bremain“, also der Verbleib der Briten in der Europäischen Union, in den Tagen vor dem Referendum schon gefeiert. Investoren hatten den Brexit zwar zeitweise befürchtet, aber kurz vor dem Urnengang nicht mehr erwartet und das Nein quasi vorweggenommen – Kursgewinne inklusive. Es kam bekanntlich anders und nach der Abstimmung brachen die Börsenkurse kräftig ein.

Der Tag nach der Abstimmung im Juni 2016 war ein ganz, ganz dunkler Tag für Börsianer. Es war ein schwarzer Freitag für die weltweiten Finanzmärkte. In London, dem Epizentrum der Turbulenzen, verlor der Aktienindex FTSE zwischenzeitlich fast neun Prozent. Noch heftiger erwischte es den Dax, der um fast zehn Prozent in die Tiefe stürzte. Ähnlich katastrophal sah es an den Börsen in Paris, Wien und Lissabon aus. Der Leitindex für europäische Aktien, der Euro Stoxx 50, brach ebenfalls um neun Prozent ein. Damit erlebten Europas Börsen die größten Verluste seit der Finanzkrise im Jahr 2008. In Asien und an der Wall Street waren die Schockwellen des Brexits ebenfalls zu spüren. Auch an den Devisenmärkten war Krisenstimmung angesagt. Das Pfund stürzte im freien Fall auf den niedrigsten Stand seit 30 Jahren. Auch der Euro brach zwischenzeitlich um mehr als vier Prozent ein – der größte Kursrückgang in der Geschichte der Gemeinschaftswährung.

Das Votum der Briten war ein echter Schock, hatten doch zuletzt alle auf einen Verbleib der Briten in der EU gesetzt. Schätzungen zufolge lösten sich durch den Brexit-Crash weltweit fünf Billionen Dollar an Börsenkapitalisierung in Luft auf. Das entspricht in etwa dem Doppelten der jährlichen Wirtschaftsleistung Großbritanniens. Übertrieben oder nicht? Schließlich ist die EU in Gefahr, oder nicht? Doch kaum war der erste Schock halbwegs verdaut, ging die seit Jahren andauernde Rally an den Märkten munter weiter, die Verluste waren bald wettgemacht. Zumindest an den Märkten. Denn die Folgen für Großbritannien und die EU sind längst nicht klar. Die Verhandlungen über den Ausstieg werden Jahre dauern – Ausgang ungewiss. Vielleicht wird das ein Einzelfall bleiben, vielleicht aber auch eine Blaupause für andere, die die Nase voll haben von Brüssel. Auch das wird die Geschichte zeigen. Die Börse wird das Thema „Brexit" sicher noch das eine oder andere Mal spielen, schließlich wird der Austritt wirtschaftliche Folgen haben, für die Briten, aber auch für den Rest der EU.

Kurzfristig irrational, langfristig jedoch sehr rational

Weder Brexit noch Trump-Wahl konnten Investoren nachhaltig schockieren. Die Börsen jedenfalls schienen unlogisch zu reagieren. Aber vielleicht ist das ja zu kurz gedacht. Der legendäre Benjamin Graham sagte einst: „Kurzfristig ist die Börse ein Abstimmungsmechanismus, langfristig ist sie ein Wägemechanismus." Der Börsenweisheit des Lehrmeisters von Warren Buffett kann ich so wie viele andere Anlageprofis einiges abgewinnen. Sie besagt, dass die Börse kurzfristig von der Psychologie getrieben wird, langfristig aber von den Fundamentaldaten. Das ist für mich eine der wichtigsten Regeln überhaupt.

Natürlich bestimmen die fundamentalen Kennzahlen langfristig die Rendite der Unternehmen und damit auch die des Marktes. Daran besteht für mich kein Zweifel. Auch Sie sollten sich das immer und immer wieder ins Gedächtnis rufen. Vor allem an Tagen wie nach dem Brexit-Referendum, an denen es extrem turbulent an den Börsen zugeht. Kurzfristig spiegelt der Markt lediglich die Gefühlslage der Investoren wider – eine Abstimmung über die momentanen Hoffnungen, Ängste und Sorgen der Investoren. Weil das so ist, lohnt es sich auch nicht, den kurzfristigen Marktschwankungen eine Ratio entnehmen zu wollen oder diese interpretieren zu wollen. Kurzfristig reagiert die Börse auf Stimmungen, doch langfristig muss die Börse die ökonomische Realität widerspiegeln, und die ist zäher und langwieriger als die momentane Stimmung.

Vor allem am Beispiel der Wahl des US-Präsidenten, deren Ausgang die Märkte in den Wochen und Monaten bis zu seiner Amtseinführung und auch danach stark beschäftigte, können wir die Verhaltensmuster, vor denen Grahams Börsenweisheit indirekt warnt, gut beobachten. Über den gesamten Wahlkampf hinweg bis zum Wahltag galt Hillary Clinton als klare Favoritin. Außerdem galt sie als die erste Wahl derjenigen, die den Markt steuern beziehungsweise ein wichtiger Teil des Marktes sind. Das konnte man wunderbar an den Kurstafeln an der New Yorker Wall Street ablesen: Legte Hillary Clinton in den Umfragen zu, stiegen die Notierungen. Holte Donald Trump ein paar Punkte auf, ging es an der Börse sofort abwärts. Der Grundglaube der Marktteilnehmer war, dass Donald Trump schlecht für die Märkte wäre und für erhöhte Unsicherheit sorgen würde. Und Unsicherheit mögen Börsianer bekanntlich überhaupt nicht.

Die Wahlwoche lässt im Rückblick noch immer viele Börsianer rätseln, wie sie so schief liegen konnten. An den ersten beiden Tagen der Woche stiegen die Märkte in der Erwartung eines Wahlsiegs von Hillary Clinton. Doch es kam anders. Zwar gewann die Demokratin die „Popular Vote", holte als absolut die meisten Stimmen. Doch das

US-Wahlsystem begünstigte Trump, der mehr Wahlmänner gewann und damit der 45. Präsident der Vereinigten Staaten wurde. Damit hatten die Börsianer nicht gerechnet, doch die Märkte stiegen trotzdem. In Summe fällt es schwer, den Sinn hinter diesen kurzfristigen Marktschwankungen zu erkennen. Was für den Markt am Montag und Dienstag, also vor der Wahl, gut war, war das Gegenteil von dem, was Mittwoch bis Freitag den Markt trieb. Doch genau das zeigt auch, wie recht Graham mit seiner Aussage hat. Kurzfristige Schwankungen sollten nicht das Investmentverhalten bestimmen, Anleger sollten immer langfristig denken. Der Markt ist ein Barometer und niemand weiß, wie er sich verhalten wird und was in den folgenden Wochen, Monaten und Jahren passieren wird. Deshalb sollte man gar nicht erst versuchen, aus den irrationalen Verhaltensmustern des Marktes Weisheiten zu gewinnen.

Übertreibung zu erkennen ist nicht so einfach

Doch es sind längst nicht nur politische Ereignisse wie Wahlen, die Benjamin Graham bei seinem Ausspruch im Kopf hatte. Seine Börsenweisheit gilt auch in ruhigen Zeiten, vielleicht sogar noch mehr als in turbulenten Zeiten. Es gibt Firmen, deren Börsenwert in den Himmel gehoben wird, obwohl wir nicht wissen, ob sie in fünf Jahren noch existieren werden, und andere, die Richtung null heruntergeprügelt werden, obwohl noch viel Leben in ihnen ist. Es gibt Börsenlieblinge, die aus Anlegersicht nichts verkehrt machen können und die dann doch in eine Krise geraten, und hässliche Entlein, die erstaunlich viel Leben in sich haben. Normalerweise sind starke Unter- oder auch Übertreibungen nur bei einigen Titeln zu sehen. In bestimmten Situationen kann dieses Phänomen allerdings auch wesentlich ausgeprägter ganze Segmente des Marktes betreffen. Denken Sie nur an die Internetblase um die Jahrtausendwende.

Für uns Privatanleger ist es leider nicht so einfach, solche Unter- oder Überbewertungen zu erkennen und dann entsprechend – und das heißt eben auch gegen den allgemeinen Trend – zu handeln. Viele Investoren lassen sich von kurzfristigen Stimmungen leiten. Wir handeln dabei oft sogar gegen unsere eigentlichen Grundsätze, Überzeugungen und Strategien. Dann verkaufen wir plötzlich aus Angst vor einem Rücksetzer unsere Aktien, obwohl wir sie doch eigentlich langfristig halten wollten. Oder wir lassen uns dazu hinreißen, irgendeine heiße Wachstumsaktie zu ordern, obwohl wir eigentlich doch auf etablierte Geschäftsmodelle und zuverlässige Dividenden setzen wollten.

Ob nun politische Entscheidungen oder Modetrends an der Börse – Investmentprofis versuchen langfristig zu denken und zu agieren. Genau das sollten Sie auch tun. Oder um es mit Benjamin Graham zu sagen: Versuchen Sie abzuwägen statt abzustimmen. Verfolgen Sie eine langfristige Strategie und bleiben Sie ihr treu. Führen Sie sich diese Weisheit immer vor Augen, wenn es mal gegen Ihre Investments läuft und wenn die ersten Selbstzweifel aufkommen, weil Sie sich gegen die Masse gestellt haben. Diese Weisheit kann uns auch helfen, einen klaren Kopf zu bewahren, wenn bestimmte Aktien abgehen wie die Post und wir selber dort den Mehrwert partout nicht sehen. Dann können wir uns klarmachen, zu welchen Übertreibungen die Psychologie neigen kann. Konzentrieren Sie sich auf das (Ab)Wägen und überlassen Sie die (Ab)Stimmungen den Berufszockern.

Lassen Sie sich nicht vom aktuellen Marktgeschehen verunsichern. Mittel- bis langfristig werden die fundamentalen Kennzahlen die Marktmeinung bestimmen und wie eine Waage die Preise rauf und runter treiben und für eine realistische Bewertung sorgen. Deswegen ist es so wichtig, einen Investmentprozess zu haben, an dem wir uns festhalten können. Falls wir das nicht tun, machen wir schnell Bekanntschaft mit einer anderen Börsenweisheit: „Das Gefährlichste an der Börse ist die Überraschung. Dabei können nur die wenigsten Börsianer ihre Ruhe und Objektivität bewahren."

15

Das Gefährlichste an der Börse ist die Überraschung.

Sind Überraschungen nicht etwas Wunderbares? Diese Kleinigkeiten, mit denen liebe Menschen uns überraschen. Einfach so, einfach zwischendurch, ohne Anlass. Oder Geburtstage und Weihnachten: Ich liebe dieses Kribbeln, wenn ich ein Geschenk auspacke. Diese Sekunden, bevor ich den Inhalt endlich sehen kann. Wenn dann auch noch mein Geschmack getroffen ist, was gibt es Schöneres? Doch es gibt Lebensbereiche, in denen ich Überraschungen überhaupt nicht mag. Sie ahnen es bereits: an der Börse. An den Märkten sind Überraschungen Gift. Meistens erwischen sie uns auf dem völlig falschen Fuß. Wir sind falsch positioniert, der Markt läuft gegen uns. Manchmal sind es aber auch gute Überraschungen, aber das passiert eher selten. Oder ist das nur gefühlt so? Mag sein.

Der legendäre André Kostolany sagte einst: „Das Gefährlichste an der Börse ist die Überraschung. Dabei können nur die wenigsten Börsianer ihre Ruhe und Objektivität bewahren." Auch der Börsenaltmeister hatte dabei die bösen Überraschungen im Sinn. „Meistens ist die Ursache eines Börsenkrachs nicht objektive Überlegung, sondern ein massenpsychologisches Phänomen", sagte er weiter. „Einer entdeckt irgendein Problem, so klein es auch sein mag, und das verbreitet sich wie ein Lauffeuer." Crashs sind sicher die übelsten Überraschungen, die wir an der Börse erleben. Sie kündigen sich leider nie an, es gibt kein untrügliches Zeichen, dass es so weit ist. Selbst wenn die Märkte objektiv überbewertet sind, heißt das nicht zwangsläufig, dass es knallen muss. Das kann noch eine Zeit lang gutgehen. Wie lange? Das weiß niemand.

Besonders gemein sind schwarze Schwäne. Bestsellerautor Nassim Taleb bezeichnet als „Schwarzen Schwan" ein Ereignis, das selten und höchst unwahrscheinlich ist. Der ehemalige Wall-Street-Händler beschäftigt sich mit den häufig extremen Konsequenzen dieser seltenen und unwahrscheinlichen Ereignisse. Sie sind quasi Ausreißer, weichen von der Norm ab. Und weil wir so etwas nicht gerne sehen, finden wir im Nachhinein einfache und verständliche Erklärungen für die Ergebnisse. Eine zutiefst menschliche Eigenschaft. Die dunklen Schwäne stehen als Metapher für das, was die Statistiker „Tail Risk" nennen, also Geschehnisse, die völlig unerwartet eintreten, obwohl sie zuvor eigentlich als ausgeschlossen galten.

Unvorhersehbare Ereignisse passieren öfter als gedacht

Schwarze Schwäne sind uns in den vergangenen 20 Jahren gleich mehrmals begegnet. Als die Dotcom-Blase zur Jahrtausendwende platzte, verbuchte allein der US-Technologieindex Nasdaq 80 Prozent Verlust binnen zweieinhalb Jahren. Trotz teils astronomischer Aktienbewertungen hatte damit niemand gerechnet. Es mag warnende Stimmen gegeben haben, aber solch ein Drama haben selbst die größten Pessimisten nicht vorausgesagt. Wenn das keine böse Überraschung war! Oft weiß man nachträglich gar nicht, was der eine Moment war, der alles zusammenbrechen ließ. Welches das Problem war, das sich wie ein Lauffeuer verbreitete.

Die US-Immobilienkrise, die die weltweite Finanzkrise auslöste, traf die Märkte ebenfalls völlig unerwartet und mit voller Wucht. Passend dazu erschien übrigens im selben Jahr das Buch „Der Schwarze Schwan – Die Macht höchst unwahrscheinlicher Ereignisse" von Nassim Taleb, das zum Bestseller wurde. Bis zur Entdeckung schwarzer Schwäne im 17. Jahrhundert herrschte die Überzeugung, dass Schwäne weiß sind. Auch an den Finanzmärkten ging lange Zeit kaum jemand von der Existenz schwarzer Schwäne aus. Das änderte sich jedoch 2007 mit dem Ausbruch der Finanzkrise schlagartig: Bis dahin galt eine schwere Wirtschaftskrise in den Industrieländern als relativ unwahrscheinlich. Was sollte sie auch auslösen? Und überhaupt,

Notenbanken und Regierungen würden es schon richten und die Gefahr bannen, bevor es zu spät ist. Es kam bekanntlich anders.

Seit Ausbruch der Finanzkrise gelten schwarze Schwäne an der Börse als Symbol für unvorhersehbare Ereignisse, denen keine Wahrscheinlichkeit zugeordnet werden kann. Anders als oft vermutet, muss der schwarze Schwan übrigens nicht zwangsläufig für negative Ereignisse stehen. Die Wahl Donald Trumps zum 45. Präsidenten der Vereinigten Staaten von Amerika war sicherlich eine Art schwarzer Schwan. Zugegeben: Sein Sieg war nicht wirklich auszuschließen, aber in den Tagen vor der Wahl absolut nicht mehr erwartet worden. Die Märkte reagierten auf seinen völlig überraschenden Sieg positiv, obwohl Investoren für diesen Fall eigentlich mit einem deftigen Kursrücksetzer gerechnet hatten. Das Ja der Briten zum Austritt aus der Europäischen Union war ebenfalls ein schwarzer Schwan und ganz klar ein negatives Ereignis. Entsprechend reagieren auch die Weltmärkte.

Welche Auswirkungen negative Schwäne haben, hängt von dem wirtschaftlichen Umfeld ab, auf das sie treffen. Während eine stabile Ökonomie einen Schock abfedern kann, kommt es bei einem instabilen Zustand möglicherweise zu einer Krise. So wie 2007, als sich die Wirtschaft in keiner guten Verfassung befand. Ähnlich wie bei der Großen Depression in den 1930er-Jahren ging das nominale Bruttoinlandsprodukt, also der Wert der innerhalb eines Jahres produzierten Güter in Marktpreisen, in den USA, der Euro-Zone, Großbritannien und in Japan zurück. Genau wie damals zeichnete sich in der jüngsten Finanz- und Wirtschaftskrise eine Kombination aus Deflation und Rezession ab.

Die Krise begann im Sommer 2007. Sie war eine Folge eines extrem aufgeblähten Immobilienmarkts in den USA. Im Grunde startete sie also als Immobilienkrise und sollte hinterher alles mitreißen.

Als Beginn des Dramas wird oft der 9. August 2007 festgemacht. An diesem Tag stiegen die Zinsen für Interbank-Finanzkredite sprunghaft an. Der Interbankenmarkt ist für Kreditinstitute eine wichtige Refinanzierungsquelle zur Steuerung der Liquidität sowie der Markt- und Bankrisiken. Doch die Banken hatten das Vertrauen zueinander verloren, das Geschäft untereinander kam fast völlig zum Erliegen. Das traf nicht nur den US-Markt sondern auch den europäischen. Das Lauffeuer verbreitete sich. Auch in anderen Ländern, wie zum Beispiel in Spanien, brachte das Platzen einer Immobilienblase Banken in Bedrängnis. Die Krise äußerte sich weltweit zunächst in Verlusten und Insolvenzen bei Unternehmen der Finanzbranche. Ich erinnere mich noch gut an die Medienberichte und privaten Diskussionen damals. Irgendwie fühlten wir uns gar nicht so recht betroffen, die Krise war irgendwie surreal.

Doch das sollte sich schlagartig ändern, als am 15 September 2008 die US-Investmentbank Lehman Brothers zusammenbrach. Es war der vorläufige Höhepunkt der Krise, gefühlt aber gerade für viele Anleger ihr Beginn. Vor allem für uns Aktionäre. War es auch vorher nicht wirklich gut an den Märkten gelaufen, stürzten sie nun ab. Und zwar im freien Fall. Jetzt war die Krise zu spüren – sehr deutlich, sehr schmerzhaft. Lehman löst eine Art Domino-Effekt aus. Immer mehr Staaten mussten ihre Banken retten. Einige Finanzhäuser wurden gleich ganz verstaatlicht und später geschlossen. Klar, dass in einer solchen Krise die Verschuldung in vielen Staaten stark anstieg, vor allem in den USA. Aber auch viele europäische Länder ächzten unter der Last der Krise. Aus der Immobilienkrise war eine Wirtschafts- und schließlich einen Schuldenkrise geworden. Viele Unternehmen brachen zusammen, wie beispielsweise der Autohersteller General Motors, der Konkurs anmeldete. Es folgte die bereits beschriebene weltweite Rettungsarie der Notenbanken.

Der nächste schwarze Schwan kommt bestimmt

Und der nächste schwarze Schwan? Wann kommt er und wo wird er seine Kreise ziehen? Es wäre zu schön, das vorher zu wissen und sich entsprechend an den Märkten zu positionieren. Da schwarze Schwäne aber per Definition nicht vorhersehbar sind, machen sich Experten wie die der japanischen Investmentbank Nomura regelmäßig auf die Suche nach „grauen Schwänen“ – unwahrscheinliche, aber nicht unmögliche Ereignisse, die aber ebenfalls großen Einfluss auf die Finanzmärkte haben. Es ist auch schon Tradition, dass Steen Jakobsen ein paar provokante Thesen liefert. Der Chefökonom der Saxo Bank legt seit einigen Jahren ungeheuerliche Prognosen vor. Ob nun seltene Vögel oder steile Thesen – es fehlt nicht an potenziellen Auslösern für künftige Börsenturbulenzen. Im Gegenteil. Einige „Schwäne“ aus dem Jahr 2016 könnten auch in den kommenden Jahren ihre Kreise ziehen: der Brexit, der noch ausgehandelt werden muss, sowie Donald Trump, der sicher für die eine oder andere Überraschung sorgen könnte. Auch geopolitische Krisen haben die Experten auf dem Schirm. Chinas Wirtschaft ist ebenfalls immer für eine Überraschung gut – positiv wie negativ.

Es ist unmöglich, den nächsten schwarzen Schwan zu prognostizieren, aber er wird uns irgendwann begegnen. Er könnte den nächsten Crash auslösen. Denn der wird irgendwann kommen, das zumindest ist sicher. Und er wird uns wie immer unvorbereitet, ja überraschend, treffen. Das Gefährlichste an der Börse ist die Überraschung! Schmerzhafte Korrekturen gehören zur Börse wie das Amen zur Kirche. Die wenigstens Börsianer werden dann Ruhe und Objektivität bewahren. Das Lauffeuer wird sich ausbreiten. Als langfristig ausgerichteter Anleger können Sie dem aber halbwegs gelassen entgegensehen und sich eine andere Börsenweisheit ins Gedächtnis rufen: Mit dem Hintern verdient man mehr als mit dem Hirn!

16

Mit dem Hintern verdient man mehr als mit dem Hirn.

Manche Börsenregel klingt eher nach Stammtisch als nach Weisheit. „Mit dem Hintern verdient man mehr als mit dem Hirn" gehört zweifelsohne dazu. Doch in diesem Satz steckt jede Menge Weisheit. Der Hintern ist ein Synonym für Ruhe, für Ausdauer, meinetwegen sogar für Faulheit. Das Hirn, das wir normalerweise in allen Lebenslagen einschalten sollten, lässt uns an der Börse dagegen oft übereilt und sogar falsch handeln. Das heißt aber natürlich nicht, dass Sie Ihr Geld ab jetzt hirnlos investieren sollen. Um Gottes Willen. Diese Börsenweisheit mahnt zu Ruhe und Gelassenheit. Und sie warnt vor Hektik, Panik, wildem Hin und Her.

Sie hilft uns, die klassischen Anlegerfehler zu vermeiden. Wer die nämlich macht – und das tun sehr, sehr viele –, verzichtet auf wertvolle Erträge. Mehr als fünf Prozent Rendite sind Tausenden Anlegern zwischen 2005 und 2015 durch die Lappen gegangen – und das Jahr für Jahr. Das ist das Ergebnis einer Studie im Auftrag von *Finanztest*, für die Wertpapierdepots von 40.000 Direktbank-Kunden untersucht wurden. Die Gründe sind schnell analysiert: Die Anleger machen immer wieder dieselben Fehler. Sie streuen ihr Risiko zu wenig, lassen sich vor der Aussicht auf schnelle Gewinne in spekulative Aktien locken, verfallen Modetrends oder haben einen viel zu starken Fokus auf ihren Heimatmarkt, von Experten „Home Bias" genannt.

Diese Feststellung ist natürlich nicht neu, aber man kann sie gar nicht oft genug wiederholen. Wer die grundsätzlichen Regeln der Geldanlage missachtet, büßt Rendite ein und macht im schlimmsten Fall sogar Verluste. Eine Erkenntnis der Studie ist auch, dass selbst gut informierte Anleger fragwürdige Entscheidungen treffen. Denn nur wenige behalten „das große Ganze" im Auge. Oder anders ausgedrückt: Es fehlt eine Strategie.

Das ist wahrscheinlich der größte Fehler, den Anleger überhaupt machen können. Wer ohne Strategie anlegt, der tappt in all die anderen Fallen quasi zwangsläufig. Wer sich keine Gedanken über die gewünschte Zusammensetzung des Depots macht, wird fast unabwendbar Klumpenrisiken anhäufen. Etwa indem der Anteil heimischer Aktien zu groß wird. Oder eine Branche zu hoch gewichtet ist. Wer sich nicht genau überlegt, wie viel Geld in einzelne Anlage- und damit Risikoklassen fließen soll, erliegt schnell dem heißen Tipp vom Nachbarn oder dem neusten Modetrend.

Erst das Hirn, dann der Hintern

Anleger sollten auf keinen Fall ohne Strategie investieren. Hier müssen Sie Ihr Hirn natürlich einschalten. Wie viel Risiko wollen sie eingehen, auf welche Anlageklassen und Produkte wie viel setzen? Anleger sollten sich feste Regeln setzen, auch für schlechte Börsenphasen oder den Ausstieg. Wenn Sie Ihr Erspartes mit einer Strategie anlegen und diese in guten wie in schlechten – und das ist besonders wichtig – Zeiten auch befolgen, können Sie ziemlich sicher sein: Die häufigsten Anlagefehler werden Ihnen nicht passieren! Ist das Depot einmal aufgestellt und ausgerichtet, dann ist der Hintern dran. Ruhe bewahren, abwarten, Ausdauer beweisen.

Der Hintern steht natürlich auch für Langfristigkeit, für Sitzfleisch. Das meint auch, Turbulenzen einfach mal auszusitzen, so schwer es uns auch fallen mag. Diese Turbulenzen haben auch gar nicht so schlimme Folgen, wie wir immer meinen. Klar, wenn wir mittendrin stecken, wenn die Kurse tiefrot sind und Untergangsstimmung herrscht, dann belastet uns das. Aber langfristig – Stichwort „Hintern“ – ist das alles halb so wild. Selbst die schlimmsten Crashs sind langfristig kaum mehr als Dellen im Chart.

Die Deutsche Asset Management, ehemals DWS und Vermögensverwaltungstochter der Deutschen Bank, hat die vergangenen 20 Jahre analysiert. Dotcom-Crash, Finanzkrise, Eurokrise – Anleger waren nicht gerade zu beneiden. Sollte man meinen. Ist aber nicht so. Im Gegenteil: Es war eine goldene Ära für uns Anleger. Trotz aller Crashs und Krisen konnten Anleger von 1996 bis 2016 eine Rendite vor Kosten von durchschnittlich 6,4 Prozent pro Jahr einfahren. Und das, ohne unverhältnismäßige Risiken einzugehen. Genauer gesagt mussten sie dafür eine Wertschwankung ihres Portfolios – im Börsendeutsch Volatilität genannt – von sieben Prozent jährlich hinnehmen. Laut den Experten ist das die Risikotoleranz eines durchschnittlichen deutschen Anlegers. In den Jahren 2010 bis 2016, also nach der Finanzkrise, waren sogar acht Prozent Rendite drin, bei gleich hoher Volatilität. Die Berechnungen der Deutschen AM zeigen: In der Ruhe liegt die Kraft, auch an der Börse. Ein langer Atem zahlt sich aus. Bei nahezu null Risiko hätten Anleger übrigens in diesen zwei Jahrzehnten im Schnitt 1,7 Prozent erzielen können. Das liegt aber nur daran, dass es vor einigen Jahren noch Zinsen gab. Das hat sich bekanntlich mittlerweile geändert.

Für mich heißt Hintern statt Hirn auch, dass ich überwiegend passiv investiere. Ich setze mit einigen wenigen Ausnahmen auf börsennotierte Indexfonds (ETFs). Diese Papiere bilden Indizes wie den Dax oder den Dow Jones eins zu eins nach. Ich erziele also nicht mehr, aber eben auch nicht weniger Rendite als der Markt. Das mag langweilig klingen, ist es aber nicht. Zumal mein Depot auch nicht einfach nur den Weltaktienindex MSCI World, den Schwellenländerindex MSCI Emerging Markets und Indizes für Staats- und Unternehmensanleihen kombiniert. Wenn Sie allerdings auf diese vier Bausteine setzen würden, würden sie sehr viel besser, breiter gestreut und intelligenter investieren als ein Großteil der Deutschen. So viel zum Thema Strategie.

Mein Depot sieht seit einiger Zeit aber ganz anders aus, genauer gesagt, seit ich mein Buch „Einfach erfolgreich anlegen" geschrieben habe, das im Dezember 2015 erschienen ist. Gemeinsam mit dem renommierten Institut für Vermögensaufbau (IVA) in München habe ich drei Depots entwickelt. Ich selber setze auf das chancenorientierte Portfolio und investiere zu 80 Prozent in Aktien. Meine Bausteine sind Qualitätsaktien (MSCI World Quality), Value-Aktien (MSCI World Value), Nebenwerte und natürlich auch Aktien aus den aufstrebenden Schwellenländern. Bei den Anleihen setze ich auf europäische Unternehmens- und Staatsanleihen. Einmal im Jahr überprüfe ich die Gewichtung der einzelnen Bausteine und bringe sie wieder in die gewünschte Mischung – schließlich entwickeln sich nicht alle Anlageklassen gleich, da kann ein Baustein schnell ein unerwünschtes Übergewicht erlangen. Ansonsten lasse ich die Finger von meinem Depot, renne keinen Trends hinterher, lasse die heißen Tipps heiße Tipps sein – Hintern statt Hirn. Ich setzte fast ausschließlich auf ETFs, jeder einzelne Baustein kann aber auch durch aktiv gemanagte Fonds abgebildet werden. Das ist Geschmacksache.

Hohe Renditen mit Sparplänen

Übrigens kombiniere ich das mit Sparplänen, mit denen ich einzelne Bausteine abbilde. Sparpläne sind eine tolle Sache, die Renditen können sich wirklich sehen lassen. Monat für Monat zeigt die Statistik des Fondsverbands BVI, wie lukrativ Aktienfonds-Sparpläne sein können. Sie sollen natürlich nicht monatlich nachschauen, wie es läuft. Das lässt Sie nur unsicher werden, in schwachen Börsenphasen vielleicht sogar zweifeln. Durchzuhalten lohnt sich wirklich. Wenn Sie in den vergangenen zehn Jahren Monat für Monat 100 Euro in deutsche Aktien investiert hätten, wären aus 12.000 Euro mehr als 17.000 Euro geworden. Sie hätten eine stolze Rendite von 7,3 Prozent pro Jahr eingefahren. Etwas geringer ist die Rendite auf Sicht von 20 Jahren. Der Crash um die Jahrtausendwende hätte Ihnen die Bilanz verhagelt, aber keinesfalls so stark, wie Sie vielleicht annehmen. Aus 24.000 Euro wären bei einer durchschnittlichen jährlichen Rendite von 5,8 Prozent mehr als 44.000 Euro geworden. Wenn Sie 30 Jahre lang Monat für Monat 100 Euro in Aktienfonds mit Anlageziel Deutschland gesteckt hätten, hätten Sie Ihren Einsatz von 36.000 Euro fast verdreifacht. Ihre durchschnittliche jährliche Rendite hätte bei 6,9 Prozent gelegen. Klasse, oder?

Ein bisschen geringer wäre das Ergebnis, wenn Sie auf global anlegende Aktienfonds gesetzt hätten. In den vergangenen zehn Jahren hätten Sie eine Rendite von sieben Prozent erzielt und damit 300 Euro weniger Gewinn gemacht. Auf Sicht von 20 Jahren hätten Sie bei einer Rendite von 4,7 Prozent aus 24.000 immerhin gut 39.000 Euro gemacht. Ein tolles Ergebnis, aber fast 5.000 Euro weniger als mit deutschen Aktien. Sollten Sie deshalb lieber deutsche Aktien wählen? Mir wäre das eine zu starke Konzentration auf nur ein Land, eine Volkswirtschaft. Ich rechne zwar nicht mit einer Wirtschafts- oder gar Staatskrise in Deutschland, aber mir ist eine breitere Streuung trotzdem lieber. Allerdings könnten Sie jetzt anführen, dass die deutschen Konzerne ja gar nicht so deutsch sind und einen Großteil ihrer Geschäfte im Ausland machen. Das stimmt natürlich. Die moderne Portfoliotheorie à la Markowitz würde trotzdem von einem rein deutschen Depot abraten. Mischen Sie zumindest etwas Ausland bei.

Natürlich gehören auch Anleihen zu jeder vernünftigen Strategie. Aber bitte wählen Sie den Anteil nicht zu hoch. Selbst konservative Anleger sollten 30 Prozent Aktien und nicht mehr als 70 Prozent Anleihen haben. So ist auch das sicherheitsorientierte Depot in meinem Buch aufgestellt. Die Renditen von Anleihen sind deutlich geringer als die von Aktien. Vor allem langfristig macht sich das stark bemerkbar. Das zeigt auch die Statistik des Fondsverbands. Ein Euro-Rentenfonds, der auf Bonds aus der Euro-Zone mit mittleren Restlaufzeiten setzt, hat in den vergangenen zehn Jahren eine Rendite von durchschnittlich 3,2 Prozent pro Jahr eingefahren. Aus 12.000 Euro wurden gut 14.000 Euro. Auf Sicht von 20 Jahren ist die Rendite 0,2 Prozent höher. Aus 24.000 Euro wurden gut 34.000 Euro, immerhin 10.000 Euro weniger als beim Aktienfonds Deutschland. Noch extremer fällt der Vergleich nach 30 Jahren aus. Der Rentenfonds lieferte Jahr für Jahr 4,7 Prozent – der Hochzinsphase der 1980er- und 1990er-Jahre sei Dank. Aus 36.000 Euro wurden fast 78.000 Euro. Ihr Einsatz hätte sich also mehr als verdoppelt. Ein tolles Ergebnis, doch mit Aktien hätten Sie eine Verdreifachung erlebt. Zugegeben, Sie wären mehr Risiko eingegangen, hätten stärkere Schwankungen ertragen müssen. Aber Sie wären fürstlich belohnt wurden.

Börsenerfolg braucht Zeit

Egal, wofür Sie sich entscheiden, die Devise sollte lauten: Je länger, desto besser. Lassen Sie Ihre Fondssparpläne laufen. Auch wenn es mal nicht so gut ausschaut an der Börse. Die Sparpläne haben nämlich einen großen Vorteil: Wenn Sie Monat für Monat oder zwei- oder dreimonatlich dieselbe Summe anlegen, investieren Sie automatisch antizyklisch. Sie kaufen frei nach Buffett viele Anteile und sind gierig, wenn alle ängstlich und die Kurse entsprechend niedrig sind. Und Sie kaufen weniger Anteile, wenn die Notierungen hoch stehen. Sie sind also ängstlich, wenn alle gierig sind. Eine sehr erfolgreiche Strategie. Sie müssen sie nur durchhalten. Und das lohnt sich, wie Sie in der Statistik des BVI sehen.

Ich kann es nur immer noch einmal wiederholen: Schalten Sie bitte erst Ihr Hirn ein, entscheiden Sie sich für eine Strategie und setzen Sie sie um. Dann setzen Sie sich – entschuldigen Sie bitte – auf Ihren Hintern und lassen Sie die Strategie wirken. Börsenerfolg braucht Zeit. Sie müssen mitunter einen langen Atem haben, bis Sie auf der Gewinnerspur sind. Machen Sie nicht die üblichen Fehler, die Tausende Anleger Tag für Tag machen. Bleiben sie auf jeden Fall ruhig, wenn um sie herum die Börsenturbulenzen toben. Denn mit dem Hintern verdienen Sie mehr als mit dem Hirn.

17

Die Börse ist eine Einbahnstraße.

Es gibt Börsenphasen, die vergisst man nicht so schnell. Ich bin leidenschaftliche Aktionärin, meine Aktienquote massiv zu senken oder sogar auf null herunterzufahren würde mir niemals in den Sinn kommen. Eigentlich. Aber dann gibt es Tage und Wochen, da zweifele ich wirklich an meiner Strategie – und meiner Risikoneigung. Wenn der Depotwert zusammenschmilzt wie Eis in der Sonne, wenn es an der Kurstafel der New Yorker oder der Frankfurter Börse scheinbar nur noch eine Richtung gibt, dann wird auch mir ganz mulmig. Dann wachsen die Zweifel. Verluste sind nie schön. Sie zu ertragen ist schwer. Vor allem, wenn sie so extrem sind wie beispielsweise im Spätsommer 2011. Wenn Sie damals an der Börse investiert waren, wissen Sie, wie heftig Kursrücksetzer an den Finanzmärkten sein können. Denn diesen Spätsommer werden Sie definitiv nicht vergessen haben. Binnen weniger Wochen stürzte der Dax von mehr als 7.000 Punkten auf 5.000 Punkte ab. Zuvor war es zwei Jahre lang mehr oder weniger kontinuierlich aufwärts gegangen, doch dann kam der Crash.

Obwohl das qua Definition gar kein richtiger Crash war. Von dem spricht man nämlich eigentlich erst bei Kursverlusten von mehr als 25 Prozent. Der Dax hat in diesen Tagen aber „nur" fast 25 Prozent verloren. Es war also streng genommen nur ein Beinahe-Crash, aber mit ganz üblen Schäden. Es war natürlich nicht das erste Mal, dass es die Anteilseigner deutscher Papiere derart hart getroffen hat. Es geht sogar noch viel härter. Wenn Sie bereits zu Zeiten des Neuen Marktes Aktionär waren, dann wissen Sie, wie es sich anfühlt, wenn in kürzester Zeit die Luft aus einer gigantischen Spekulationsblase entweicht. Ein ganz großer Knall. Die Verluste waren brutal. Nicht nur der Wachstumswerteindex Nemax kollabierte, auch der Dax stürzte ab. Er hat sich halbiert. Einfach so binnen weniger Monate. Zack, weg war die Hälfte des Börsenwerts. Noch schlimmer erwischte es die Aktionäre der Deutschen Telekom. Das Beispiel des ehemaligen Staatskonzerns zeigt sehr deutlich, wie nahe Freud und Leid an der Börse beieinander liegen.

Angepriesen vom beliebten und angesehenen Schauspieler Manfred Krug sollte sich die „Volksaktie" nach dem Börsengang im November 1996 prächtig entwickeln – tagtäglich freuten sich Anleger über ihre Gewinne. Am 18. November 1996 startete die Aktie mit einem offiziellen Ausgabepreis von 14,57 Euro und schoss gleich um knapp 21 Prozent in die Höhe. Sehr zur Freude der Privatanleger. Für viele war es das erste Mal, dass sie überhaupt Aktien kauften. Sie mussten schon bald unschöne Erfahrungen machen und extreme Kurskapriolen erleben. Nur ein knappes Jahr nach dem Börsengang fiel die Volksaktie unter ihren Ausgabepreis, erholte sich aber schnell wieder und zog dann kräftig an. Im Juni 1999 brachte das Unternehmen die zweite Tranche an den Markt. Die neuen Aktien kosteten 39,50 Euro. Die Börsenrally lief auf Hochtouren. Am 6. März 2000 erreichte die T-Aktie ihren bisher höchsten Stand mit einem Kurs von 104,90 Euro. Damit hatten die Papiere ihren Wert binnen dreieinhalb Jahren mehr als versiebenfacht. Doch von da an ging es stetig bergab.

Im Juni desselben Jahres wurde die dritte Tranche von Telekom-Papieren zu 66,50 Euro platziert – und damit deutlich unter dem Allzeithoch. Wer hier zugriff oder schon zu Höchstkursen eingestiegen war, sollte ein blaues Wunder erleben. Überteuerte UMTS-Mobilfunklizenzen, korrigierte Immobilienwerte, eine Übernahme, die die Verschuldung auf mehr als 70 Milliarden Euro nach oben schnellen ließ – eine Hiobsbotschaft jagte die nächste und der Aktienkurs kannte nur noch eine Richtung: nach unten. Am 11. September 2001, dem Tag der Terroranschläge auf die USA, schloss die T-Aktie unter ihrem Emissionspreis des erstens Börsengangs von 14,57 Euro. Erholt hat sich die Aktie seither nicht mehr. Im Gegenteil, die T-Aktie stürzte sogar unter die Marke von zehn Euro. Im Juni 2009 war das Papier nur noch 7,80 Euro wert. Aktionäre konnten sich lange mit der recht üppigen Dividendenrendite trösten, doch auch die Ausschüttung wurde über die Jahre immer weiter gekappt.

Der Schock vom Crash um die Jahrtausendwende und das Drama um die T-Aktie sitzt bei vielen immer noch so tief, dass sie nicht mehr an die Märkte zurückgekehrt sind. In Zeiten der Finanz- und Schuldenkrise scheinen die Ausschläge an den Börsen sogar noch heftiger geworden zu sein. Ein klarer Beweis dafür, dass die Börse keine Einbahnstraße ist? Genau das besagt nämlich eine alte Börsenweisheit. Und genau diese vermeintliche Weisheit zweifele ich an. Sie stimmt einfach nicht. Die Börse ist eine Einbahnstraße. Eine gewagte These, könnte man mit Blick auf die Börsenentwicklung der vergangenen Jahre und auf den Chart der T-Aktie meinen. Doch genau da liegt das Problem: Anleger denken zu kurzfristig.

Wenn Sie nur kurzfristig an den Märkten agieren, dann kennt die Börse in der Tat viele Richtungen: vorwärts, rückwärts, seitwärts. Kurzfristig ist die Börse also ganz sicher keine Einbahnstraße, sondern eher eine Achterbahn. Wenn Sie an der Börse auf Sicht fahren, dann stimmt die Börsenweisheit ganz klar. Aber genau das sollen Sie ja nicht tun. Im Gegenteil: Sie sollen langfristig agieren. Also auf Sicht von zehn oder besser noch mehr Jahren. Langfristig gibt es für die Börse nur einen Weg: nach oben. Langfristig ist die Börse sehr wohl eine Einbahnstraße. Wer langfristiger anlegt, macht – das ist historisch belegt – in der Regel Gewinne. Das trifft natürlich nicht für jede Einzelaktie zu, aber für den breiten Markt sehr wohl. Ein weiteres Argument für breites Streuen übrigens, und einen langen Atem.

Je langfristiger, desto geradliniger

Ein Anlagehorizont von zehn Jahren ist sicher lang: Aber der Dax hat in diesem Zeitraum immerhin fast 80 Prozent zugelegt. Wer vor 15 Jahren auf den Dax gesetzt hat, bringt es schon auf ein Plus von 125 Prozent. Aus Sicht von 20 Jahren waren es sogar mehr als 250 Prozent. Wenn Sie sich die langfristigen Charts ansehen, also über 15 oder 20 Jahre, dann sehen die üblen Kursrücksetzer, die wir zweifelsohne ertragen mussten, nur noch wie Dellen aus. Auch der Dow Jones ist eine Einbahnstraße. In den vergangenen 20 Jahren sind die Kurse um mehr als 200 Prozent gestiegen. Auf Sicht von 15 Jahren hat sich der Punktestand verdoppelt. Der Blick auf die Charts zeigt deutlich: Je langfristiger, desto geradliniger. Je kurzfristiger, desto wankelmütiger.

Die historischen Daten belegen auch klar eine Überrendite von Aktien gegenüber Renten. Diese Überrendite ist aber wohl auch die Prämie, die Anleger erhalten, weil die Aktien auf kurze Sicht eben keine Einbahnstraße sind. Denn kurzfristig können die Aktienmärkte natürlich kräftig schwanken. Rückschläge sind nie ausgeschlossen. Langfristig ist das aber kein Problem. Es gibt zwar auch Phasen über 20 Jahre, bei denen Anleger am Aktienmarkt keine guten Erträge erzielt haben, allerdings sind diese sehr selten. Man muss dann schon doppelt Pech haben: beim Einstiegszeitpunkt und beim Ausstiegszeitpunkt.

Und die Aktionäre der T-Aktie? Brauchen die auch einen langen Atem? Ehrlich gesagt: Ich weiß es nicht. Ich weiß nicht, wie es mit der T-Aktie oder jeder anderen Aktie weitergeht. Deshalb setze ich auch nicht mehr auf Einzeltitel. Mir ist die Gefahr zu groß, eine Niete zu erwischen. Wenn Sie es trotzdem tun wollen, dann streuen Sie bitte. Sie werden immer mal wieder einen Rohrkrepierer erwischen. Verteilen Sie das Risiko deshalb auf viele Einzeltitel. Manche Experten empfehlen mindestens zehn, andere lieber 20 und mehr. Mir ist das immer noch nicht diversifiziert genug. Deshalb bin ich auch für Fonds und ETFs, mit denen Sie auf Dutzende oder Hunderte, manchmal sogar Tausende Werte setzen. Da fällt eine Niete nicht mehr wirklich ins Gewicht und die Börse wird langfristig zur Einbahnstraße.

Wer breit gestreut in deutsche Standardwerte investiert, müsste langfristig noch aus einem anderen Grund eigentlich auf der sicheren Seite sein. Der Dax ist ein Performanceindex, in den die Dividenden eingerechnet werden. Die Dividende macht langfristig auch einen guten Teil der gesamten Erträge aus. Ein weiteres gutes Argument dafür, dass die Börse langfristig steigt – überspitzt gesagt also doch eine Einbahnstraße ist. Fahren Sie auf ihr, lassen Sie sich nicht zu Umwegen verleiten oder auf Irrwege führen. Die Rendite des Marktes reicht doch völlig aus, denken Sie nur an die exorbitanten Kurszuwächse von Dax und Dow.

Der langfristige Trend zeigt aufwärts

Zumal unzählige Studien zeigen: Die wenigsten Anleger – weder private noch professionelle Investoren – schaffen es, den Markt zu schlagen, und schon gar nicht dauerhaft. Wissenschaftliche Untersuchungen oder auch der einfache Blick auf die Kurscharts zeigen aber, dass die Märkte langfristig steigen. Daran ändern auch heftige Abstürze um bis zu 50 Prozent nichts, wie sie Dax-Anleger seit dem Jahrtausendwechsel gleich zweimal erleben mussten. Wer aber für 15, 20 oder mehr Jahre anlegt, der kann sich über eine schöne Rendite freuen. Der langfristige Trend zeigt nämlich aufwärts. Langfristig ist die Börse eine Einbahnstraße.

18

Der Anleger ist sein eigener schlimmster Feind.

Das Leben steckt voller Emotionen. Menschen sehen, schmecken, riechen, hören oder tasten. All das weckt Gefühle. Menschen sehen nie einfach nur ein Auto, sondern ein schönes oder hässliches, ein teures oder billiges Auto. Im Zweifel weckt der sportliche Flitzer des Nachbarn auch Neid und Missgunst oder den dringenden Wunsch, ein ähnliches oder sogar noch besseres Gefährt zu kaufen. Entscheidungen werden hochemotional getroffen. Das ist an der Börse nicht anders als beim Autokauf. Auch auf dem Parkett kochen die Emotionen oft hoch. Und es ist alles dabei: von der Panik über die Verliebtheit bis zur Gier. Extreme Gefühle lassen uns leider auch extrem handeln. Oder um es mit Benjamin Graham zu sagen: „Der Anleger ist sein eigener schlimmster Feind."

Das mag überzogen klingen, aber genau so ist es. Wenn es an der Börse mal wieder besonders turbulent zugeht, verlieren viele Anleger die Nerven. Dann wird bei deutlichen Kursrücksetzern, die wir doch eigentlich ertragen sollten, plötzlich die langfristig ausgelegte Strategie über Bord geworfen. Oder wir erliegen einem Modetrend. Das ist mitunter ähnlich wie beim begehrenswerten Flitzer vor dem Nachbarhaus: Wenn scheinbar alle den Highflyer der vergangenen Monate im Depot haben, dann wollen wir die Aktie auch. Dass die ihre größten Gewinne vielleicht bereits eingefahren hat, hinterfragen wir nicht. Uns packt die Gier! Denken viele wie wir, kommt es zu den berüchtigten Überbewertungen. Irgendwann wird der Markt die korrigieren. Im Zweifelsfall bricht dann sogar Panik aus und die Aktie wird in die andere Richtung geprügelt.

Einer, der erkannt hat, wie emotional Menschen bei der Geldanlage agieren, war André Kostolany. „Die Börse reagiert gerade mal zu zehn Prozent auf Fakten", sagte der Börsenaltmeister einst. „Alles andere ist Psychologie." Kostolanys einfache Antwort darauf, was die Märkte bewegt, lautet also: Stolze 90 Prozent dessen, was die Kurse treibt, sind Emotionen. Ob es wirklich 90 Prozent sind, weiß ich nicht. Aber es ist viel Psychologie in den Kursen. Mitunter kommt es mir so vor, als ob es nur noch die Emotionen sind, die die Preise machen. Unabhängig davon, wie viel Prozent exakt der Faktor Psychologie ausmacht, stimmt die Aussage auf jeden Fall. Unsere Wahrnehmung ist nicht nur rational, sondern eben zu einem hohen Maße emotional geprägt. Das macht uns zu unserem eigenen schlimmsten Feind bei der Geldanlage.

Emotionen waren lange das Stiefkind der Forschung

Obwohl viele Börsenexperten sehr wohl wissen, wie gefühlsgeladen die meisten Anlageentscheidungen sind, waren Emotionen lange das Stiefkind der Forschung und für Ökonomen eine Art Störfeuer. Die klugen Köpfe ignorierten den wahren, den emotionalen Menschen. Stattdessen setzten sie bei ihren Berechnungen und Modellen lange Jahre auf den „Homo oeconomicus“. Dieses Fantasiewesen handelt logisch, rational, vollkommen emotionslos, eigennützig und ist einzig auf seinen materiellen Nutzen und seinen Vorteil aus. Er weiß ganz genau, was er will. Gier oder Angst, Unentschlossenheit oder Panik sind ihm völlig fremd. Nur leider ist der echte Mensch auch nicht im Entferntesten verwandt mit diesem Modellwesen.

Wir handeln nämlich sehr wohl emotional und machen an der Börse viele Fehler. Mal sind wir „branchenverliebt“ oder viel zu heimattreu. Dann wieder sind unsere Urteile völlig verzerrt, wir folgen blind unserem Bauchgefühl oder wir lassen uns von anderen mitreißen, nehmen Chancen und Risiken falsch wahr. Zweifel, Zuversicht Gier, Hochmut, Schrecken, Hoffnung, Ratlosigkeit, Angst, Panik, Reue und Abscheu – wir durchlaufen bei der Geldanlage eine Vielzahl von Gemütszuständen. Es ist ein sich wiederholender Zyklus. Es sind immer wieder dieselben Gedanken, dieselben Reaktionen und dieselben Fehler.

Dass die Psychologie unser Anlageverhalten nicht nur beeinflusst, sondern zu einem großen Teil bestimmt, haben längst auch die Forscher erkannt. Inzwischen beschäftigt sich ein eigener Forschungszweig, die „Behavioral Finance“, mit dem pseudo-rationalen Anlageverhalten. Diese noch recht neue Wissenschaft – zu deutsch verhaltensorientierte Finanzmarktanalyse – berücksichtigt die Tatsache, dass sich die Anleger eben nicht streng rational verhalten.

Wie viel Psychologie steckt also wirklich in den Kursen? Wie wichtig sind die sogenannten Fundamentaldaten, also die Unternehmenszahlen oder das Wirtschaftswachstum? Sind wir wirklich unser eigener schlimmster Feind? An der Börse geht es letztendlich darum, zukünftige Zahlungsströme zu bewerten. Wären diese sicher, gäbe es keinen Spielraum für die Psychologie. Es gäbe auch keine Über- oder Unterbewertungen. Erst die Tatsache, dass die künftigen Umsätze und Gewinne der Unternehmen unsicher sind und wir ihre Zukunft nicht sicher einschätzen können, ermöglicht Spielraum für die Bewertung. Und dieser Spielraum kann durch eine Vielzahl von psychologischen Faktoren ausgefüllt werden.

Letztlich geht es darum, wie effizient die Märkte sind. Darüber wurde schon viel diskutiert. Obwohl der US-Wissenschaftler Eugene Fama dafür 2013 den Nobelpreis bekommen hat, sind seine Erkenntnisse (die übrigens aus den 1970er-Jahren stammen) keinesfalls unumstritten. Effizienz bedeutet, dass der Marktpreis jederzeit die aggregierten Erwartungen der Marktteilnehmer entsprechend einen Bewertungsmodell abbildet. Wenn der Markt – durch Emotionen der Akteure getrieben – glaubt, dass die Zukunft rosig ist, wird sich dies in den effizienten Marktpreisen widerspiegeln. Aber es bedeutet im Umkehrschluss leider nicht, dass die daraus entstehenden Ineffizienzen einfach zu erkennen und zu nutzen wären. Das Problem: Niemand hat eine Theorie, welche die Emotionen an den Börsen vorhersagen könnte. Was nutzt es, zu wissen, dass die Märkte gemessen an fundamentalen Kennzahlen teuer sind, wenn man nicht weiß, ob und wann die Emotionen umschwenken?

Psychologie oder Fakten, das ist vor allem eine Frage der Zeit. Davon ist der Kostolany-Vertraute Gottfried Heller überzeugt. „Generell gilt: Psychologie und technische Faktoren bestimmen kurzfristig – also ein bis drei Monate – fast ausschließlich die Kursbewegungen", sagt der Vermögensverwalter und einstige Partner Kostolanys. „Auf Sicht von zwei bis drei Jahren bestimmen monetäre und fundamentale Faktoren die Börsenkurse." Psychologische und emotionale Faktoren spielen gar keine Rolle mehr. Deshalb sei die Fundamentalanalyse nicht überflüssig. Aber: „Die Theorie der effizienten Märkte gilt nur für emotionslose und absolut logische Roboter, nicht aber für gefühlsduselige Menschen", ist Heller überzeugt. „Kostolanys Erkenntnis, dass überwiegend die Psychologie die Kurse bewegt, zählt nicht für Anleger, sondern nur für Zocker."

Menschliche Entscheidungen sind selten rational

Leider sehen viele aber nur die kurzfristigen Ausschläge, die Psycho-Börse. Und lassen die Finger davon. Einer, der unermüdlich für die Aktie trommelt, ist Christoph Bruns. „Das ist eine echte Sisyphusarbeit, an der ich mich seit zwei Jahrzehnten abarbeite", sagte der Chef der Fondsgesellschaft Loys mir einmal. „Die Deutschen haben einfach keine Aktienkultur. Es fehlt ihnen die Einsicht, dass Aktien eine gute Anlageform sind und es ohne Aktien auch gar nicht mehr geht." Doch die Argumente für Aktieninvestments stoßen bei vielen Deutschen auf taube Ohren. Dass viele Dividendenpapiere heute höhere Ausschüttungsquoten haben als vergleichbare Unternehmensanleihen, lassen sie nicht gelten. Die Chance auf zusätzliche Kursgewinne tun sie mit dem Verweis auf mögliche Verluste ab.

Den einen war das Treiben an den Finanzmärkten schon immer suspekt, sie haben Angst vor den Kursschwankungen und greifen lieber zu Anlageformen, die ihnen bis zum Tag x eine vorher festgelegte Rendite bringen. Die anderen haben schlechte Erfahrungen gemacht. Ihnen steckt der Schock nach dem Platzen der Internetblase zu Beginn des Jahrtausends und nach der Pleite der US-Investmentbank Lehman Brothers auf dem Höhepunkt der Finanzkrise noch in den Knochen. Damals schmissen sie ihre Papiere panisch auf den Markt und verbuchten hohe Verluste. Ein typisches Verhalten von Anlegern. Sie verkaufen, wenn die Kurse fallen. Und sie kaufen, wenn die Kurse steigen. Sie verkaufen also billig und kaufen teuer, weil sie sich von ihren Emotionen – also Angst und Gier – leiten lassen. Das würden sie auf dem Wochenmarkt oder beim Autohändler niemals tun. Der Anleger ist sein eigener schlimmster Feind.

Was zu Zeiten des einflussreichen amerikanischen Wissenschaftlers stimmte, gilt auch heute noch. Grahams kluge Börsenweisheit ist die Kernaussage der „Behavioral Finance“, also der Kapitalmarktanalyse unter Einbeziehung von menschlichen Verhaltensweisen. Menschliche Entscheidungen und Handlungen sind selten rational. Emotionen bestimmen unser Handeln, Denken und unsere Wahrnehmungen. Sie führen dabei zu kurzsichtigen Verhaltensweisen und impulsivem Handeln und stehen damit einem langfristigen Anlageerfolg oftmals im Weg. Die Emotionen verführen den Anleger dazu, Entscheidungen zu treffen, die nicht unbedingt gut für seinen finanziellen Erfolg sind. Man handelt zu viel, diversifiziert nicht richtig und so weiter und so fort.

Denken Sie auch an den Spruch Grahams über den kurzfristigen Abstimmungsmechanismus und den langfristigen Wägemechanismus. Übersetzt heißt das, dass kurzfristig die Psychologie tatsächlich maßgeblich ist. Aber Psychologie lässt sich nicht vorhersagen – die Stimmung kann in kürzester Zeit kippen. Daher ist es für Investoren besser, langfristig und fundamental anzulegen – und die kurzfristige Psychologie außer Acht zu lassen, so stark sie auch sein kann.

Doch wie können Anleger ihre Emotionen kontrollieren? Am Anfang steht die Einsicht. Erkenne Dich selbst! Sie müssen sich über die Wechselwirkung von Emotion und Ratio klar werden. Sie benötigen die Disziplin, eine gewählte Strategie auch dann zu befolgen, wenn es emotional schwierig wird. Den Einfluss von Panik, Angst und Gier auf Ihre Anlageentscheidungen können Sie nie ganz abschalten, aber Sie können ihn mindern: Erstens sollten Sie unbedingt eine klar definierte Strategie verfolgen, die nachweislich zu Börsenerfolg führt. Nicht alle Ansätze, die als Erfolg versprechend angepriesen werden, haben tatsächlich einen positiven Erwartungswert. Aber es gibt viele, die funktionieren. Zudem müssen Sie auch die Schwächen Ihrer Strategie kennen, um zu wissen, ob die Strategie versagt oder ein zwischenzeitlicher Verlust noch im Rahmen ist. Diese Verluste wird es geben. Es gibt keine Strategie, mit der wir zwischenzeitliche Rücksetzer vermeiden können.

Zweitens sollten Sie Ihre und die Stimmungen im Markt beobachten. Hier liefern die bereits beschriebenen Sentiment-Analysen wertvolle Hinweise. Die Auswertung hilft zu erkennen, ob die eigene Gefühlslage gerade „Mainstream“ und daher besser konträr zu betrachten ist. Oder ob das eigene Unwohlsein eine hilfreiche Botschaft des eigenen Unterbewusstseins ist. Die Nerven kann in turbulenten Zeiten also nur behalten, wer eine klare Strategie verfolgt, genau definierte Ziele verfolgt und sich seines Chance-Risiko-Profils bewusst ist. Wer bereit ist, Kursrücksetzer auszuhalten, weil der Anlagehorizont sehr langfristig ist, kann einen Crash besser verkraften als jemand, der einen kurzen Anlagehorizont hat. Wer sein Geld zeitnah für einen Immobilienkauf oder ein neues Auto braucht, verliert an der Börse eher die Nerven als der Langfristanleger. Darüber müssen Investoren sich im Klaren sein. Grundsätzlich gilt: Jeder Anleger sollte sich Regeln überlegen beziehungsweise Regeln befolgen, die helfen, die Emotionen in den Griff zu bekommen. Am besten schreiben Sie Ihre Strategie auf. Ich empfehle ein Geldanlage-Tagebuch. Ein Notizbuch, in dem Sie Ziele und Anlagehorizont festlegen, in dem Sie Ihre Strategie quasi in Stein meißeln und – ganz wichtig – Regeln für schlechte Zeiten festlegen. Tun Sie das aber bitte ganz in Ruhe, am besten in guten Börsenphasen. Inmitten von Turbulenzen könnte Ihnen wieder Ihre Psyche einen Strich durch die Rechnung machen.

Niemand ist vor seinen Emotionen gefeit

Mir hilft dieses Tagebuch – bei mir ist es ein kleines schwarzes Notizbuch – sehr. Ich habe ein ganzes Buch über Börsenpsychologie geschrieben und kenne mich bestens mit den Emotionen aus, die unseren Anlageerfolg torpedieren. Gefeit bin ich vor ihnen trotzdem nicht. Erinnern Sie sich noch an den 24. August 2015? Es war einer der schwärzesten Börsentage, an die ich mich erinnern kann. Der Dax verlor zwischenzeitlich fast zehn Prozent seines Wertes, machte einen Teil der Verluste aber bis zum Handelsende wett. Die Bilanz war trotzdem katastrophal, rund um den Globus übrigens. Es war mal wieder die Angst um Chinas Wirtschaft, die die Kurse einbrechen ließ. Ich habe diesen Tag in der Redaktion erlebt und mir die Finger wund geschrieben. Der Dax hatte in den Tagen zuvor schon reichlich verloren, aber ich hatte nicht damit gerechnet, dass es noch einmal so stark abwärts gehen würde. Trotzdem war ich überzeugt, dass wir eine „zwar extrem heftige Korrektur erleben, aber nicht das Ende des Bullenmarkts. Und schon gar keinen Crash wie 2008/2009 oder gar im Jahr 1929." Das habe ich abends zumindest in einem Kommentar zum Börsentag geschrieben.

Meine Argumentation: „Die Kurse waren einfach zu heiß gelaufen. Damit steigt natürlich immer auch die Nervosität. Wie lange kann das noch gutgehen? Auch ich stelle mir solche Fragen natürlich immer wieder. Meine Antwort: Die Korrektur war überfällig. Je länger sie ausblieb, umso brutaler fällt sie nun aus. Was wir heute erlebt haben, sind fast schon panikartige Verkäufe. Es gibt Börsenphasen, in denen verlieren selbst die Hartgesottensten unter uns die Nerven. Wenn an den Märkten Panik ausbricht, ist es schwierig, der eigenen langfristigen Strategie treu zu bleiben. Doch genau das sollten Sie tun. Zu Tiefstkursen zu verkaufen, der Herde hinterherzurennen, ist die falsche Strategie. Bewahren Sie Ruhe, schlafen Sie über Ihre Anlageentscheidungen."

Klingt ganz schön abgebrüht, oder? Zum Glück hatte ich recht mit dieser Einschätzung. Aber wenn ich ganz ehrlich bin, habe ich abends auf der Couch gesessen, das Notebook auf dem Schoß und das Depot auf dem Bildschirm. Es hatte mich wie alle anderen Anleger auch heftig erwischt. Der Tagesverlust war bitter, die vergangenen Tage hatten auch ihre Spuren hinterlassen. Das war kein schönes Gefühl. War mein Kommentar zu mutig? Wie würde es wirklich weitergehen? Was passiert mit meinem Depot? Muss ich handeln? Ich habe mir mein Notizbuch geschnappt, meine Strategie überdacht, meine Handlungsanweisung gelesen – und Ruhe bewahrt. Das war auch gut so. Am nächsten Tag machte der Dax schon einen Teil seiner Verluste wett und die Welt sah wieder ganz anders aus.

Geldanlage kann ganz schön nervenaufreibend sein. Wenn Sie sich nicht selber zutrauen, eine Strategie zu wählen und konsequent umzusetzen, überlassen Sie die Arbeit Profis. Doch vor Emotionen sind auch diese institutionellen Investoren nicht gefeit, obwohl sie es eigentlich besser wissen sollten. Es bringt also nicht unbedingt etwas, das Ersparte Fondsmanagern oder Vermögensverwaltern anzuvertrauen. Diese können ja auch von Emotionen so beeinflusst sein, dass sie nicht immer die für den Anleger optimalen Entscheidungen treffen. Viele Börsenprofis verhalten sich nicht anders als die meisten Anleger. Auch sie handeln mitunter hochemotional und tappen von Psychofalle zu Psychofalle. Denken Sie nur an Jérôme Kerviel, der die französische Société Générale mit seiner waghalsigen Zockerei in den Beinahe-Ruin trieb. Er war frei nach US-Börsenlegende Graham ebenfalls selbst sein größter Feind.

Grahams Aussage ist eine Warnung für alle Börsianer, sich nicht von ihren Emotionen leiten zu lassen und nicht immer wieder in die gleichen Psychofallen zu tappen. Nicht zufällig hat sich ein herausragender Investor, nämlich Warren Buffett, vom irreführenden Tageslärm der Wall Street schon in jungen Jahren verabschiedet und ist in seine Geburtsstadt, das ländlich unaufgeregte Omaha in Nebraska, zurückgekehrt. Ein anderer, nämlich John Templeton, soll einmal gesagt haben, dass er als Fondsmanager deutlich bessere Ergebnisse erzielt habe, nachdem er von der Wall Street nach Nassau auf den Bahamas übergesiedelt sei. Frei von Emotionen werden die beiden auch nicht sein, aber mit ein bisschen Abstand sieht der Trubel an der Wall Street eben gleich ganz anders aus.

Die Gewissheit, dass Börsen auch in Zukunft immer wieder launisch sein werden, ist Voraussetzung für die erforderliche Gelassenheit, diese Launen geduldig auszusitzen. Mit diesem Wissen sollten Sie als Privatanleger langfristig handeln und Ihre Emotionen – soweit möglich – ausblenden. Oder um es mit den Worten von Gottfried Heller zu sagen: „Und die Moral von der Geschicht': Hör auf das tägliche Gequassel an der Börse nicht!“ Wer nämlich hochemotional handelt, macht ziemlich sicher Fehler – und die kosten leider immer viel Geld.

19

An der **Börse** ist
zwei mal zwei niemals vier, sondern
fünf minus eins. Man muss nur
die **Nerven** haben,
die **Geduld**
und das **Geld** haben, das
minus eins durchzuhalten.

Wenn Menschen ihren Job verlieren, dann ist das erst einmal keine gute Nachricht. Im Gegenteil. Doch an der Börse werden Entlassungen oft als positive Maßnahmen gefeiert. Schließlich sinken die Kosten des Unternehmens, der Gewinn könnte steigen. Vielleicht leitet der Konzern damit eine längst überfällige Umstrukturierung ein. Das kostet dann eben Arbeitsplätze. So denken Börsianer, wenn sie bei negativen Nachrichten Aktien des Unternehmens kaufen. Das mag ziemlich abgebrüht sein, aber so ticken Investoren. Mitunter kann ein Arbeitsplatzabbau aber auch den Aktienkurs empfindlich sinken lassen. Verkehrte Welt? Nein, wenn Börsianer die Entlassungen als Zeichen schwacher Auslastung oder gar als Krise des Unternehmens deuten, dann verkaufen sie eben. Wenn sie den Sinn hinter der Maßnahme nicht erkennen, keine Zukunftsfantasie sehen, senken sie den Daumen.

Manchmal sinkt eine Aktie auch vor Bekanntgabe der Quartalszahlen, weil die Anleger üble Nachrichten befürchten. Vielleicht ist in der Presse schon durchgesickert, dass hohe Rückstellungen gebildet werden müssen oder massive Abschreibungen drohen. Ist die Katze dann aus dem Sack, ist es nicht ungewöhnlich, dass der Kurs wieder anzieht. Verrückt? Ein bisschen. Die Erklärung: Börsianer hassen nichts mehr als Unsicherheit. Sie mögen keine Spekulationen, sie bevorzugen klare Fakten. Klarheit kommt gut an. Und wenn es dann noch so aussieht, als ob das Unternehmen seine Hausaufgaben gemacht hat und die Zukunft nicht mehr so düster wirkt, greifen sie zu. Solche Überlegungen lassen die Kurse dann wieder steigen.

Die Beispiele erinnern an einen weisen Spruch von André Kostolany: „An der Börse sind zwei mal zwei niemals vier, sondern fünf minus eins“, sagte der gebürtige Ungar einst. „Man muss nur die Nerven, die Geduld und das Geld haben, das minus eins durchzuhalten.“ Börsenexperten können diesem Spruch viel abgewinnen. Die

Börse gilt vielen Menschen als irrational, weil besonders kurzfristig unlogische Entwicklungen auftreten. Dafür gibt es unendlich viele Beispiele. Vor allem Firmenübernahmen werden oft als Glücksfall gefeiert, doch mitunter enden sie in einer Katastrophe. Da helfen dann auch Nerven und Geduld nicht mehr

Glücksfall auf den zweiten Blick

Die Übernahme des deutschen Traditionskonzerns Mannesmann war sicher ein solcher Glücksfall. Es war eine der spektakulärsten Übernahmeschlachten in der deutschen Wirtschaftsgeschichte: Zur Jahrtausendwende wurde der deutsche Mobilfunker vom britischen Konkurrenten Vodafone übernommen – unfreiwillig. Dabei hatten die Deutschen gerade erst den kleineren britischen Anbieter Orange für heute umgerechnet 30 Milliarden Euro übernommen. Es sollte ein strategischer Schachzug sein, um sich selbst vor einer Übernahme zu schützen. Das Kalkül: Durch den Zukauf werde der Konzern unattraktiv für potenzielle Übernahmeversuche. Doch der Plan ging nicht auf. Im Gegenteil: Der britische Konzern Vodafone sah sich gezwungen, in die Offensive zu gehen. Keine zwei Wochen nach Bekanntgabe des Zukaufs von Orange bot der damalige Vodafone-Chef Chris Gent Mannesmann eine Fusion an. Doch das Management unter der Führung von Klaus Esser lehnte ab. Zwei Tage später, am 16. November 1999 kündigte Vodafone an, Mannesmann auch feindlich zu übernehmen, wenn es nicht zu einer Einigung kommen sollte.

Es war der Auftakt einer beispiellosen Übernahmeschlacht. Esser und sein Team wehrten sich weiter, lehnten ein Angebot von mehr als 100 Milliarden Euro ab. Nach einem gescheiterten Kooperationsversuch mit dem französischen Konzern Vivendi und dem Einschreiten des Großaktionärs Hutchison Whampoa stimmte der Vorstand Anfang Februar 2000 einer Übernahme dann doch zu. Vodafone zahlte rund 180 Milliarden Euro. Der Turbokapitalismus, so interpretierte man das Geschehen damals, war endgültig in Deutschland angekommen.

Für die Aktionäre und den Vorstand hat sich der Deal gerechnet. Vorstandschef Klaus Esser machte mit seinem „goldenen Fallschirm" Schlagzeilen, weil er erst nach Bonus- und Abfindungszahlungen von mehr als 30 Millionen Euro dem Verkauf zugestimmt haben soll. Allerdings hatte seine zunächst hartnäckige Ablehnung den Aktienkurs stark nach oben getrieben, weswegen Vodafone schlussendlich rund 80 Milliarden Euro mehr für das Unternehmen zahlen musste. Davon profitierten auch die Arbeitnehmer, die ein Aktienpaket von Mannesmann hielten. Die Übernahme, die eigentlich niemand wollte, wurde für die Anteilseigner ein echter Glücksfall. An der Börse ist zwei mal zwei eben niemals vier, sondern fünf minus eins. Auch feindliche Übernahmen können gelingen.

Von der „Hochzeit im Himmel" zur Katastrophe

In einer Katastrophe endete der Zusammenschluss der beiden Autobauer Daimler und Chrysler. Mit der „Hochzeit im Himmel" wähnte sich Daimler-Chef Jürgen Schrempp 1998 am Ziel seiner Träume. Hatte sein Vorgänger Edzard Reuter noch von einem „integrierten Technologiekonzern" geträumt, der sich mit dem Kauf der AEG vom Autogeschäft unabhängig machen wollte, stellte Schrempp das Autogeschäft wieder in den Fokus. Daimler baute zwar edelste und teuerste Autos, aber im weltweiten Vergleich waren die Stückzahlen überschaubar. Das war Schrempp zu wenig. Nun kamen zu einer Million Mercedes noch einmal drei Millionen Chrysler hinzu, damit war man mit dem Weltmarktführer General Motors endlich auf Augenhöhe. Denn aus Größe und Stückzahlen entstehen Synergien, so die gängige Lehrmeinung. Wer bei den Großen mitspielen wolle, müsse in den USA, Europa und Asien führend sein. Beide Autobauer schienen sich hervorragend zu ergänzen. Daimler dominierte in Europa und den USA die Oberklasse, Chrysler bediente in Amerika das Massensegment mit Vans, Jeeps und Pick-ups. Das Kalkül: Wenn man gemeinsam forscht, einkauft und produziert, ist man der Konkurrenz strategisch voraus.

Als Schrempp die Fusion im Mai 1998 verkündete, wollte er das innovativste und rentabelste Unternehmen schaffen, „das die Welt je gesehen hat". Nicht mehr und nicht weniger. Tatsächlich legte das riesige Konglomerat mit seinen 466.000 Beschäftigten 1999, im ersten Jahr nach der Fusion, vielversprechend los. Der Nettogewinn stieg von 6,3 auf mehr als sieben Milliarden Euro. Die Kapitalrendite lag bei stolzen 13,2 Prozent und damit über den 9,2 Prozent, die nötig waren, um die Kapitalkosten zu decken. Doch mit dem Einbruch der US-Konjunktur im Jahr 2000 folgte die Ernüchterung. Chrysler hatte mit Überkapazitäten zu kämpfen. Während Mercedes seine Gewinne halbwegs stabilisieren konnte, stürzte das Ergebnis von Chrysler um mehr als 90 Prozent ab und riss den ganzen Konzern mit. Mit einer Kapitalrendite von 7,4 Prozent konnte Daimler-Chrysler schon im Jahr 2000 seine Kapitalkosten nicht mehr finanzieren. Die Anleger, die einst von Schrempp mit Wertzuwächsen geködert wurden, traten die Flucht an. Im Jahr 2000 verlor das Unternehmen die Hälfte seines Börsenwerts. Zwei mal zwei ist eben nicht vier.

Die Stimmung wurde frostig. Die Daimler-Manager realisierten schnell, dass sie Chrysler viel zu hoch bewertet hatten. Die Mercedes-Manager Dieter Zetsche und Wolfgang Bernhard übernahmen in Auburn Hills bei Detroit das Kommando. Von 41 Werken legten die Deutschen sechs Chrysler-Werke still, 26.000 Menschen verloren ihren Job. Denn die erhofften Synergien erwiesen sich als Illusion. Der US-Massenhersteller und die stolzen schwäbischen Autobauer hatten völlig andere Vorstellungen vom Autobau. Die Amerikaner orientierten sich am Preis, den sie am Markt holen konnten, und stimmten ihr Angebot auf den Markt ab. Die Stuttgarter aber setzten die Qualität an die erste Stelle und legten dann den Preis für ihre Autos fest. Was bei Chrysler als Qualität durchging, war für Mercedes-Ingenieure schwer zu ertragen. Umgekehrt hatten die Daimler-Manager vom Geschäft mit preisgünstigen Vans wenig Ahnung.

Die Daimler-Manager begingen bei der Fusion gleich eine ganze Reihe von Fehlern. Der damals übermächtige Glaube an den unendlichen Nutzen von Synergien ist der wohl größte. Aber auch die Unternehmenskulturen passten nicht zusammen. Bei Daimler herrschten die Ingenieure, bei Chrysler die Marketingexperten. Am Ende gab es kein einziges Projekt, das wirklich Mehrwert schaffen konnte. Eine Fehleinschätzung lag auch in dem Glauben der Steuerbarkeit von großen Organisationen. Immer mehr Manager wurden aus den Daimler-Kerngeschäften Auto- und Lastwagenbau abgezogen, um rund um den Globus andere Geschäfte in anderen Kulturen zu führen. Das konnte nicht gutgehen. Daimler verlor seine Stärken aus dem Blick. Denn im Autobau machte das Unternehmen in den Fusionsjahren Fehler, die lange nachwirken sollten. Neben der mangelnden Qualität kamen schon bald die strategischen Fehler hinzu.

Auch für Chrysler hatte die missglückte Fusion Folgen: Das Unternehmen wurde zum Spielball für Investoren. Daimler verkaufte die letzten Chrysler-Anteile 2009 an den Finanzinvestor Cerberus. Die Schadensbilanz der „Hochzeit im Himmel“: geschätzte 40 Milliarden Euro. 2014 schließlich stieg Fiat bei Chrysler ein. Das italienisch-amerikanische Gespann scheint besser zu funktionieren. Immerhin ist dieses Mal von Anfang an klar, wer das Sagen hat: die Italiener.

Daimler hat sich nach vielen Dürrejahren mittlerweile saniert und ist profitabel wie nie. Die Aktionäre haben ebenfalls harte Jahre hinter sich. Notierte die Aktie 1998, also vor der Fusion, bei fast 100 Euro, stürzte sie in der Ehekrise im Jahr 2004 auf unter 30 Euro ab. Eine recht ordentliche Erholung wurde durch die Finanzkrise jäh unterbrochen, wieder tauchte die Daimler-Aktie ab, dieses Mal auf rund 22 Euro. Es folgte eine sehr steile Erholung auf etwa 96 Euro im Frühjahr 20015. Geduld hat sich also ausgezahlt. Gut wäre es allerdings gewesen, damals auszusteigen. Denn das Auf und Ab – mehr Ab als Auf – ging munter weiter.

Vermögenszuwachs an der Börse erfolgt nicht stetig

Der Börse fehlt es eben oft an Linearität. Genau das meint André Kostolany mit seinem „fünf minus eins". Kurzfristig gleicht die Börse oft einem verworrenen Dickicht. Wenn sich dieses Dickicht lichtet, wird der Blick frei auf langfristige Faktoren. Kurzfristig ist die Börse widersprüchlich und feiert vielleicht eine Fusion, langfristig aber ist sie eben ziemlich vernünftig. Langfristig setzen sich die fundamental begründeten Bewertungen von Aktien durch, sodass mit der beschriebenen Geduld durchaus ein Kapitalwachstum durch Gewinnbeteiligungen an Unternehmen möglich ist. Manchmal hilft aber auch alle Geduld nichts. Kostolanys Aussage ist in zweierlei Hinsicht richtig. Einerseits lässt sich mit Aktiengeschäften zwar ein wachsendes Vermögen aufbauen, aber der Vermögenszuwachs wird nicht stetig erfolgen. Aktieninvestitionen sind keine naturwissenschaftliche Disziplin. Deshalb sollte diese Börsenweisheit bei börsennotierten Anlagen immer berücksichtigt werden.

Viele Studien haben bewiesen, dass vor allem Geduld zum Anlageerfolg führt. Vor allem in Phasen hochpolitischer Börsen, wie in den Jahren der Finanz- und Schuldenkrise mit immer neuen Zuspitzungen und Interventionen der weltweiten Notenbanken, sind die

Ausschläge an den Börsen hoch. Solche Schwankungsbreiten sind nicht immer leicht zu ertragen. Doch wer in den vergangenen Jahren die Nerven behalten hat, sollte mittlerweile seine Verluste wettgemacht und vielleicht sogar stattliche Gewinne eingefahren haben. Um stärkere Kursrücksetzer von 20, 30 oder gar 50 Prozent auszuhalten, wie in der Finanzkrise, bedarf es allerdings Nerven wie Drahtseile. Da werden auch die robustesten Anleger schnell zittrig.

Das gilt natürlich nicht für jede Einzelaktie, aber für den breiten Markt. Daimler-Aktionäre wissen, wovon ich rede. Ich selber hatte die Aktie übrigens um die Jahrtausendwende lange Zeit. Sogar nachgekauft habe ich, und Bekanntschaft mit dem sprichwörtlichen „fallenden Messer“ gemacht, in das man auch an der Börse nicht greifen sollte. Das war leider teuer! Gut, dass ich irgendwann die Reißleine gezogen habe. Oder habe ich die Nerven verloren? Auf jeden Fall hatte ich keine Hoffnung mehr und damit auch keine Geduld mehr. Einzelaktien kaufe ich auch aufgrund solcher Erfahrungen eigentlich nicht mehr. Ich setze auf ETFs und Fonds, streue mein Risiko breit und kann das „minus eins“ wunderbar durchhalten. Dafür habe ich die nötige Geduld. Die Geduld ist übrigens auch eines der vier Gs, einer äußerst erfolgreichen Börsenformel.

20

Für den Erfolg an der **Börse** braucht es die vier Gs:

Geld, Gedanken, Geduld und Glück.

Es ist ein bisschen wie die Suche nach dem heiligen Gral. Der Legende nach soll das kostbare und wunderschöne Gefäß Glückseligkeit, ewige Jugend und Speisen in Hülle und Fülle bieten. Letztere waren im späten 12. Jahrhundert, aus dem der Mythos vom heiligen Gral überliefert wurde, ein Zeichen für unendlichen Reichtum. Nach dem suchen heute auch Millionen Anleger – mit mehr oder weniger großem Erfolg. Ihr heiliger Gral ist die optimale Börsenformel.

Starinvestoren wie Warren Buffett oder George Soros scheinen diese Formel gefunden zu haben, sie haben an der Börse ein Vermögen verdient. Die beiden Milliardäre bewiesen in den vergangenen Jahrzehnten immer wieder ein glückliches Händchen, wenn auch mit ganz verschiedenen Strategien. Während Buffett mit der von ihm verfeinerten Value-Strategie hohe Gewinne einfährt, setzt Soros auf die „Theorie der Reflexivität". Er nutzt die Diskrepanz zwischen wahrgenommener und tatsächlicher Realität. Seine Deals sind spektakulär, immer wieder machte er damit auf Schieflagen oder Krisen aufmerksam. Bekannt wurde Soros, als er im September 1992 auf die Abwertung des Britischen Pfunds wettete und damit rund eine Milliarde US-Dollar verdiente.

Von finanziellen Erfolgen à la Buffett oder Soros können die meisten Privatanleger dagegen nur träumen. Dabei ist es gar nicht so schwer, an der Börse Geld zu verdienen. Zumindest nicht, wenn man einem anderen Börsenaltmeister glaubt. „Für den Erfolg an der Börse braucht es die vier G: Geld, Gedanken, Geduld und Glück", sagte einst André Kostolany. „Wer langfristig immer die ersten drei G befolgt, der hat früher oder später auch das notwendige Glück." Er ergänzte: „Dem Zittrigen fehlt eines der ersten drei G."

Klingt recht einfach, aber funktioniert das auch? Börsenexperten können Kostolanys vier Gs einiges abgewinnen. Nicht alle Börsenweisheiten führen zum Erfolg, aber die Idee der vier Gs gilt gewissermaßen als eine der Grundregeln für erfolgreiches Investieren. Auch die Reihenfolge hat Altmeister Kostolany nicht ohne Grund gewählt.

Niemals mit geliehenem Kapital spekulieren

Da wäre zuerst das Geld. Zugegeben, das klingt ein wenig trivial. Natürlich braucht man Geld, um es zu investieren. Doch dieses „G" beinhaltet die Warnung, nicht ohne eigenes Kapital zu investieren. Denn wenn wir auf Pump an der Börse spekulieren, gehen wir ein hohes Risiko ein. Geht unsere Anlage nicht auf, dann sitzen wir Pechvögel nicht nur auf Börsenverlusten, sondern haben auch noch Schulden. Das schmerzt quasi doppelt und kann Anleger in arge finanzielle Bedrängnis bringen. Schlimmstenfalls überschulden wir uns völlig und stehen vor dem Ruin. Kostolany sprach deshalb in seinen Büchern und Vorträgen immer sehr bewusst von eigenem und nicht von geliehenem Geld. Wenn wir mit geliehenem Geld spekulieren, werden wir früher oder später „zittrig" – nämlich wenn wir Geld verlieren oder wenn der Rückzahlungstermin naht. Spekulieren Sie also nur mit Geld, dass Sie bis auf Weiteres nicht brauchen. Dann gibt es auch keine zittrigen Hände. Warren Buffett oder George Soros, der als Hedgefonds-Manager nicht nur eigenes Geld, sondern auch das anderer Menschen anlegt, würde das niemals passieren.

Das zweite G steht für die Gedanken. Ein bisschen Gehirnschmalz ist natürlich nötig, um ein Anlagekonzept zu finden. Und dieses Konzept sollte Ihre individuellen Präferenzen abbilden – also Ihre Risikoneigung, Ihre Ziele, Ihren Anlagehorizont. Oder um es anders auszudrücken: Das Konzept muss zu Ihnen passen und Ihren Wunsch nach Rendite im Verhältnis zu dem für Sie erträglichen Risiko widerspiegeln. Es gilt, sich nicht nur mit den Chancen, sondern auch mit den Risiken der einzelnen Anlageformen auseinanderzusetzen.

Doch genau damit haben viele Bundesbürger ein Problem: Sie möchten sich eigentlich gar nicht mit ihren Finanzen beschäftigen. Der deutsche Anleger ist bekanntlich eher ein Finanzmuffel und lässt gerne „,fremd denken". Natürlich ist professioneller Rat eines Bankberaters oder Vermögensverwalters angesichts der immer komplexer werdenden Kapitalmärkte sinnvoll und hilfreich. Die passende Strategie finden viele eben nicht ohne Hilfe. Das zeigen auch immer wieder Studien: Depots sind oft völlig wild und wahllos zusammengewürfelt. Da zocken eigentlich konservative Anleger mit hochriskanten Produkten, während andere mit höherer Risikoneigung überwiegend Sparanlagen ihr Eigen nennen.

Ob nun mit oder ohne Berater, es gilt die richtige Mischung zu finden. Wie viel Risiko wollen Sie eingehen? Wie viel können Sie in Ihrer Lebenssituation überhaupt (er-)tragen? Wie hoch soll der Aktienanteil sein, wie viele Anleihen müssen ins Depot? Haben Sie eine Immobilie? Gold? Experten empfehlen eine breite Streuung über verschiedene Anlageklassen, im Börsendeutsch Diversifizierung. Darauf verzichten kann frei nach John Templeton schließlich nur derjenige, der immer zu 100 Prozent richtigliegt.

Wichtig ist es, eine Strategie zu haben, die Sie auch selbst nachvollziehen können und die Sie verstehen. Einfach nur abzunicken, was der Banker vorschlägt, kann ziemlich gefährlich sein. Blindes Vertrauen bei der Geldanlage wird schnell sehr, sehr teuer, wenn der Berater vielleicht doch nicht so gut ist wie gedacht. Oder wenn die empfohlenen Produkte am Ende nicht zu Ihnen passen. Denn das kann Sie schnell in die bereits beschriebenen Psychofallen tappen lassen. Vergessen Sie nicht Benjamin Grahams Warnung: „Der Anleger ist selbst sein schlimmster Feind." Deshalb setzen Sie sich bitte mit Ihrer Geldanlage auseinander.

Vor jeder Investition sollte der Gedanke stehen

Denn ohne das zweite „G" geht es einfach nicht. Vor jeder Investition sollte der Gedanke stehen. Überlegen Sie sich, welches Ziel Sie mit Ihrer Investition verfolgen und in welcher Zeit dieses Ziel mit welchem maximalen Risiko erreicht werden soll. Sie können sich allerdings noch so viele Gedanken machen, eines ist leider so sicher wie das Amen in der Kirche: Sie werden mit Ihren Börsengeschäften auch mal falschliegen. Oft sogar. Es passiert einfach zu viel Unvorhergesehenes. Auch Superinvestoren wie Buffett oder Soros liegen mal falsch.

Soros hatte beispielsweise nicht mit dem Ja der Briten zum Austritt aus der Europäischen Union gerechnet, auch wenn er davor in Zeitungsartikeln gewarnt hatte. Das dürfte ihn eine Menge Geld gekostet haben. Wie viel auch immer. Im Jahr 2000 sollen es Medienberichten zufolge zwei Milliarden Dollar gewesen sein, die sein Quantum-Fonds binnen zwei Wochen verlor. Das Platzen der Internetblase und der Absturz der amerikanischen Technologiebörse Nasdaq hatten den Superinvestor und seinen Fonds eiskalt erwischt.

George Soros kann das verkraften, auch wenn es sicher wehgetan hat, eine solche Summe zu verlieren. Auch Sie sollten sich über den maximalen Verlust, den Sie ertragen wollen, ein paar Gedanken machen. Auch sollten Sie sich einen Plan für turbulentere Börsenzeiten zurechtzulegen. Wollen Sie eher nachkaufen oder bei einem vorher definierten maximalen Verlust die Reißleine ziehen? Natürlich können Sie Börsenturbulenzen auch einfach aussitzen, wenn Ihr Anlagehorizont noch fünf oder besser zehn oder mehr Jahre beträgt.

Geduld führt zum Erfolg

Womit wir beim dritten G sind, der Geduld. Und die ist bei der Geldanlage von zentraler Bedeutung. Denn während Anleger mit einem kurzfristigen Anlagehorizont beispielsweise ihre Renditeziele in schwankungsintensiven Marktphasen leicht verpassen können und auch Verluste hinnehmen müssen, steigt die Erfolgswahrscheinlichkeit mit der Erweiterung des zeitlichen Horizonts.

Je länger, desto besser – das ist auch das Erfolgsrezept, wenn Sie auf ganze Indizes setzen. Beispiel Dax: Ein Anleger, der vor 20 Jahren in den Dax investiert hätte, hätte sein eingesetztes Kapital etwa vervierfacht. Und das trotz des Platzens der Dotcom-Blase zur Jahrtausendwende und des folgenden Börsencrashs ab März 2000 sowie der dramatischen Kursverluste nach der Lehman-Pleite im September 2008. Auch die Turbulenzen der Schuldenkrise oder der Absturz nach dem „Ja“ der Briten zum Ausstieg aus der Europäischen Union konnten dem deutschen Leitindex nichts anhaben. Im Gegenteil. Das gilt übrigens nicht nur für den Dax. Auch die europäischen Standardwerte im Euro Stoxx 50 oder die größten US-Werte im Dow Jones haben langfristig imponierende Kursgewinne eingefahren.

Wer hingegen in den Turbulenzen die Nerven verlor und panisch verkaufte, fuhr teils hohe Verluste ein. Die Märkte haben diese schmerzhaften Rücksetzer nach einiger Zeit – manchmal hat es nur wenige Wochen, manchmal auch Monate oder sogar Jahre gedauert – wieder wettgemacht. Wer aber ausstieg, hat in der Regel den Wiedereinstieg nicht rechtzeitig geschafft und einen Teil der Erholung oder sogar die ganze Erholung verpasst. Das zeigen Studien immer wieder. Timing nennen Experten es, den besten Einstiegs- und Ausstiegszeitpunkt zu erwischen. Das Problem: Die allerwenigsten Anleger schaffen das auch. Timing funktioniert nicht.

Geduld aber sehr wohl. Sie spielt eine wichtige Rolle. Mit dem Hintern verdient man eben mehr als mit dem Hirn. Warren Buffett hält seine Aktien über viele Jahre, oft sogar Jahrzehnte. Das ist Teil seiner Strategie, schließlich kauft er als Value-Anleger Aktien, die gerade nicht unbedingt „in" sind – mit der Zeit ändert sich das dann meistens. Um den Erfolg eines Anlagekonzepts beurteilen zu können, bedarf es in der Regel tatsächlich häufig einer längeren Zeitspanne. Viele Strategien gehen erst nach einigen Jahren wirklich auf und sie zeigen ihre Stärken oft auch erst, wenn die Märkte etwas kräftiger schwanken. Investoren sind aber oft ungeduldig und lassen sich und ihrer Anlagestrategie nicht die nötige Zeit. Und sie vergessen, dass es kein Konzept gibt, das wirklich gegen jeden Rücksetzer und alle Turbulenzen immun ist. Wenn Ihnen ein Anlageberater etwas anderes erzählen will, dann lügt er.

Die Botschaft des dritten Gs lautet also: Seien sie geduldig, behalten Sie die Nerven, handeln sie nicht übereilt oder gar panisch, wechseln Sie nicht ständig die Strategie. Kostolany sagte, dass den Zittrigen eines der ersten drei Gs fehlt, oft ist es die Geduld. Lassen Sie sich und Ihrer Geldanlage Zeit. Mit der Geduld können Anleger es allerdings auch übertreiben, nämlich dann, wenn sie zu lange an den Nieten in ihren Depots festhalten. Es macht wenig Sinn, Rohrkrepierer lange Jahre mit sich rumzuschleppen. Es ist auch nicht immer klug, jede Krise auszusitzen. Mitunter macht es Sinn, Verluste zu begrenzen. Vor allem, wenn Ihr Anlagehorizont nicht mehr allzu lang ist. Mancher Anlageprofi will Ihnen auch weismachen, dass „Kaufen und Liegenlassen" nicht mehr funktioniert. Das sehe ich anders.

Trotzdem kann es ratsamer sein, Gewinne zwischenzeitlich auch mal zu realisieren und ebenso Verluste zu begrenzen. Auch darüber sollten Sie sich von Zeit zu Zeit Gedanken machen. Grundsätzlich gilt aber: Die Essenz des Geduld-G ist ohne Abstriche richtig. Jeder Investor sollte einen langfristigen strategischen Ansatz wählen. Wer auf kurzfristige Gewinne aus ist, der investiert nicht, der spekuliert!

Ein Quäntchen Glück schadet nicht

Beim vierten G gehen die Meinungen auseinander. Braucht es bei der Geldanlage wirklich Glück? Auch ich bin nicht ganz sicher. War es Glück, dass George Soros' Wette gegen das Pfund aufging? Wohl kaum. Ist es Glück, wenn Warren Buffett immer wieder richtigliegt? Auch eher nicht. Die beiden wissen sehr genau, was sie tun, worauf sie setzen. Nun haben wir als Privatanleger nicht die Mittel, um so tief zu analysieren wie die beiden Superinvestoren. Wir müssen andere Wege finden. Nur auf unser Glück sollten wir uns nicht verlassen.

Wer breit streut, braucht nur ein kleines Quäntchen Glück bei der Geldanlage. Vor allem wer dann auch noch einen längeren Anlagehorizont hat, braucht Glück nur in homöopathischen Dosen, um mit seiner Anlage erfolgreich zu sein. Aber Mut, den braucht es schon eher. Mut, Schwankungen auszuhalten. Mut, zu investieren, wenn es mal nicht so läuft. Schaden kann ein Quäntchen Glück nicht. Glück, einen guten Einstiegszeitpunkt zu erwischen beispielsweise. Timing funktioniert ja schließlich nicht. Doch Glück kommt bekanntlich selten allein – und deshalb ist es schon richtig, dass die anderen Gs davor stehen. Denn leider gibt es sie immer noch nicht: die Glaskugel.

Doch welches G ist das wichtigste? Darüber sind sich selbst Finanzprofis nicht ganz einig. „Eindeutig die Geduld", ist Börsenprofessor Max Otte überzeugt. „Wenn man Geduld hat, kann man auch ohne Glück, allzu kluge Gedanken und ohne viel Geld an der Börse erfolgreich sein – allerdings sollte man dann seine Ziele nicht zu hoch stecken und auf langfristiges Aktiensparen setzen und eine Rendite von sieben bis acht Prozent erwarten." Für andere ist eine gute Strategie – und damit sind die Gedanken gemeint – das Wichtigste: Die Börse ist schließlich kein Spielkasino, sondern ein hochliquider Handelsplatz. Es sollte nicht darum gehen, mit einem Investment das große Glück zu finden.

Ganz so rigoros bin ich nicht. Geld benötigt man, um geduldig sein zu können. Denn wenn Sie das investierte Vermögen vorzeitig brauchen, etwa weil das Auto kaputt gegangenen ist, dann wird es schwierig mit der Geduld. Gedanken brauchen Sie, um eine gute Strategie zu entwickeln. Und Glück kann auf keinen Fall schaden – das Quäntchen Fortune, das eben auch dazugehört.

Kostolanys einfache Formel für den Börsenerfolg gilt auch heute noch. Und vielleicht ist sie sogar so etwas wie der heilige Gral der Geldanlage. In diesem Sinne wünsche ich Ihnen Geld, Gedanken, Geduld und eben auch Glück bei Ihrer Geldanlage.

Glossar

Asset Allocation

Die Aufteilung (Allokation) des Kapitals auf verschiedene Anlageklassen (Assets) wie Aktien, Anleihen, Renten oder Immobilien nennen Experten Asset Allocation.

Ausgabeaufschlag

Der Ausgabeaufschlag ist eine einmalige Gebühr, die beim Erwerb von Fondsanteilen anfällt. Sie wird üblicherweise als Prozentsatz auf der Basis des Rücknahmepreises angegeben. Die Höhe des Ausgabeaufschlags ist unterschiedlich und wird von der Fondsgesellschaft festgesetzt. Er variiert in der Regel zwischen null und sieben Prozent. Auf Ausgabeaufschläge werden häufig von unterschiedlichen Vermittlern unterschiedlichste Rabatte von bis zu 100 Prozent angeboten. Anleger, die Fondsanteile über die Börse ordern, müssen den Aufschlag nicht zahlen.

Baisse

Phase anhaltender starker Kursrückgänge an der Börse, auch Bärenmarkt genannt.

Börsengehandelter Indexfonds

Passive Fonds, die die Entwicklung eines Index wie beispielsweise des deutschen Aktienindex Dax eins zu eins abbilden, heißen im Börsendeutsch Exchange Traded Funds, kurz ETFs. Börsengehandelte Indexfonds sind besonders günstig, da auf ein Fondsmanagement verzichtet wird.

Bonität

Die Bonität beschreibt die Kreditwürdigkeit und Zahlungsfähigkeit eines Schuldners, auch Emittent genannt, und ist ein Maßstab für die Sicherheit einer Anleihe. Internationale Ratingagenturen wie Standard & Poor‘s (S&P), Moody’s oder Fitch überprüfen regelmäßig die Bonität zahlreicher Schuldner, die sich aufgrund von Entwicklungen im gesamtwirtschaftlichen und unternehmensspezifischen Umfeld verändern kann. Kategorisiert werden Anleihen nach ihrer Bonität in investmentwürdige Anleihen (Investment Grade), Ramschanleihen (Junkbonds) und Anleihen, bei denen Zahlungsausfälle unmittelbar bevorstehen.

Buchwert

Der Buchwert eines Unternehmens entspricht im Wesentlichen dem bilanzierten Anlagevermögen, also der Summe der immateriellen Vermögensgegenstände, Sach- und Finanzanlagen. Er gibt die Substanz eines Unternehmens wieder.

Cashflow

Der Cashflow ist ein wichtiger Indikator, der bei der fundamentalen Analyse von Unternehmen und Aktien verwendet wird. Beim Cashflow wird der Nettozufluss liquider Mittel im Rahmen einer bestimmten Zeit errechnet. Die Errechnung berücksichtigt die Beträge der Jahresüberschüsse, Abschreibungen, die langfristigen Rückstellungen und Gewinnsteuern.

Contracts for Difference (CFDs)

Mit CFDs (Contracts for Difference, Differenzkontrakte) können Anleger auf die Kursentwicklungen etwa von Aktien spekulieren. Anders als bei Direktkäufen zahlen Anleger nicht den vollen Preis, sondern hinterlegen nur eine Sicherheitsmarge. Dank dieses Hebeleffekts können sie schnell viel Geld verdienen – und verlieren. Dabei können sie sowohl auf steigende Kurse setzen (long gehen) als auch auf fallende (short gehen). Grundsätzlich sind die Laufzeiten unbegrenzt, allerdings haben die Broker die Möglichkeit, bei steigenden Verlusten eines Depots Nachschussleistungen zu verlangen oder Positionen zu schließen.

Diversifizierung

Risikostreuung ist bei der Geldanlage Pflicht. Anleger sollten ihre Anlage über verschiedene Anlageklassen wie Aktien, Anleihen, Rohstoffe und Immobilien, aber auch über verschiedene Risikoklassen wie etwa Wachstumsaktien und Dividendentitel streuen. Breit diversifizierte unsystematische Depots schützen vor Risiken.

Dividendenrendite

Teilt man die Dividende durch den aktuellen Aktienkurs multipliziert mit hundert, erhält man die Dividendenrendite. Sie gibt die Verzinsung des investierten Kapitals in Prozent an.

Exchange Traded Fund (ETF)

Siehe „Börsengehandelter Indexfonds“.

Hausse

Die Hausse bezeichnet einen nachhaltigen Anstieg der Wertpapierkurse einzelner Marktbereiche oder des Gesamtmarkts über einen mittleren bis längeren Zeitraum. Die Hausse ist von einer positiven Kursentwicklung, die nur von kurzer Dauer ist, nicht exakt abzugrenzen. Das Gegenteil der Hausse ist die Baisse.

Investmentfonds

Ein Investmentfonds ist ein von einer Kapitalanlagegesellschaft verwaltetes Sondervermögen, das in Wertgegenstände wie Aktien, Anleihen, Immobilien, Rohstoffe und/oder Derivate investiert wird. Man unterscheidet zwischen offenen und geschlossenen Fonds. Bei offenen Fonds können Anteile zu jeder Zeit erworben, vor allem aber an die Fondsgesellschaft zurückgegeben werden. Geschlossene Fonds sind unternehmerische Beteiligungen mit meist einer begrenzten Laufzeit. Ein Anteilsverkauf während der Laufzeit ist nicht möglich, auch ein Kauf nach Einbringung des geplanten Volumens nicht. Das von Anlegern eingezahlte Geld bleibt als Fondsvermögen vom Vermögen der Investmentgesellschaft getrennt und im Eigentum der Anleger, fällt daher auch im Konkursfall nicht unter die Insolvenzmasse der Gesellschaft.

Gewinn je Aktie

Der Gewinn je Aktie gibt den rechnerischen Teil des erwirtschafteten Jahresüberschusses an, der auf eine Aktie entfällt. Er misst damit die Ertragskraft in Relation zur Aktienanzahl. Vor allem in Amerika ist dies eine wichtige Kennzahl zur Aktienanalyse. In Deutschland wird für die Angabe des Gewinns je Aktie das standardisierte DVFA-Ergebnis herangezogen.

Kupon

Der Kupon (auch Coupon) ist der Zinsschein festverzinslicher Wertpapiere, der die vereinbarte Verzinsung angibt und zum Erhalt dieser berechtigt. Heute wird er nur noch selten physisch ausgestellt.

Kurs-Buchwert-Verhältnis (KBV)

Um diesen Wert zu errechnen, müssen Sie den Kurs der Aktie durch den anteiligen Buchwert dividieren oder aber die Börsenkapitalisierung durch den gesamten Buchwert – das Ergebnis ist dasselbe. Je niedriger das Kurs-Buchwert-Verhältnis, kurz KBV, desto preiswerter ist die Aktie. Ihr fairer Wert entspricht in etwa dem Buchwert, also einem KBV von eins. Auch diese Kennzahl müssen Sie natürlich nicht selbst berechnen, Sie finden sie leicht im Internet.

Kurs-Gewinn-Verhältnis (KGV)

Das Kurs-Gewinn-Verhältnis (KGV) ist eine Kennzahl, die uns zeigt, wie viel ein Unternehmen pro Anteilschein verdient. Das KGV lässt sich ganz einfach bestimmen, indem Sie den Aktienkurs durch den Gewinn pro Aktie teilen. Auf das gleiche Ergebnis kommen Sie übrigens, wenn Sie die Marktkapitalisierung des Unternehmens durch den Unternehmensgewinn dividieren.

Leitzinsen

Der Leitzins wird von den Zentralbanken festgesetzt. Er ist der Zinssatz, zu dem die Geschäftsbanken Zentralbankgeld leihen können. Über die Veränderung der Leitzinsen versuchen die Zentralbanken, das Zinsniveau, die Kreditvergabe und letztlich die Preisentwicklung (im Euroraum) oder die gesamtwirtschaftliche Entwicklung (in den Vereinigte Staaten und Japan) zu steuern. Als Leitzins fungiert im Euroraum der Hauptrefinanzierungssatz der Europäischen Zentralbank. Leitzins der Bank of England ist die Repo Rate. In den Vereinigten Staaten hat die Federal Funds Rate Leitzinsfunktion, in Japan die Overnight Call Rate.

Nasdaq

Die oft als Technologiebörse bezeichnete Nasdaq (National Association of Securities Dealers for Automated Quotation) wurde 1971 als erste elektronische Börse gegründet. Ihr Ziel war es zunächst, ein landesweites System zu etablieren, das es jederzeit ermöglicht, einen aktuellen Kurs der gehandelten Aktien an der New Yorker Börse zu erhalten. Da sich zunächst vor allem junge Unternehmen in diesem Computerhandelssystem erfassen ließen, fiel dem System immer mehr die Rolle als Kursprovider für Wachstumswerte zu. Mittlerweile aber hat sich die Nasdaq als Handelsplattform für mehrere Tausend Unternehmen entwickelt, die in zahlreichen Branchen, so auch der Medizintechnik oder den Finanzdienstleistungen, zu Hause sind.

Neuer Markt

Der Neue Markt war das deutsche Börsensegment für Wachstumsaktien zwischen 1997 und 2003, ein Pendant zur amerikanischen Nasdaq. Das Segment sollte innovativen Unternehmen auf einfache Weise zu Risikokapital verhelfen. Das Segment erlebte seinen Höhepunkt mit der Hochphase des Technologiebooms zur Jahrtausendwende. Mit dem Platzen der Internetblase stürzten die Kurse empfindlich ab. 2003 wurde der Neue Markt geschlossen.

Realzins

Der Realzins bezeichnet den Ertrag, der sich unter Berücksichtigung der eingetretenen Inflations- oder Deflationsrate ergibt. Zu seiner Ermittlung müssen Anleger einerseits das investierte Kapital mit dem Nominalzins auf- und andererseits mit der Inflationsrate abzinsen.

Rendite

Die Rendite bezeichnet den Gesamterfolg einer Kapitalanlage. Sie beruht auf den Ertragseinnahmen, also Zinsen, Dividenden und (realisierten) Kursgewinnen.

Schwarzer Montag/Schwarzer Freitag

Als „schwarz" bezeichnen Investoren die Tage in der Geschichte der Börse, an denen es zu dramatischen Kursverlusten kam. Am bekanntesten ist wohl der „Schwarze Freitag" von 1929: Am 25. Oktober brachen an der New Yorker Börse die Kurse massiv ein und beendeten eine mehrjährige Hausse, auf die eine schwere Wirtschaftskrise folgte. Am Montag, dem 19. Oktober 1987, unterbrach ein Börsencrash die bis dahin längste Hausse der Nachkriegsgeschichte. Bereits ein halbes Jahr später hatten sich viele Kurse jedoch wieder erholt.

Total-Expense-Ratio (TER)

Die Total-Expense-Ratio, kurz TER, beinhaltet alle Aufwendungen und Gebühren, die vom Emittenten oder der Fondsgesellschaft für die Verwaltung des investierten Vermögens erhoben werden, wie produktinterne Depotbankgebühren, Betriebskosten oder die Vergütung des Produktmanagers.

Transaktionskosten

Bei An- und Verkauf von Wertpapieren fallen Kosten an.

Value

„Werthaltige" (Value-)Aktien zeichnen sich durch einen niedrigen Buchwert, ein niedriges Kurs-Gewinn-Verhältnis und eine hohe Dividendenrendite aus – im Gegensatz zu Wachstumsaktien (Growth- Aktien), die einen hohen Buchwert, ein hohes KGV und eine niedrige Dividendenrendite haben. Warren Buffett ist einer der bekanntesten Value-Investoren.

Volatilität

Wertpapierkurse schwanken, dieses Auf und Ab nennen Experten Volatilität. Sie ist eine mathematische Größe für das Maß des Risikos einer Kapitalanlage.